1/2013

W9-CNC-101

UN
CURSO
PARA
PERDER
PESO

DISCARDED

Títulos de temas relacionados de Hay House

(760) 431-7695 • (800) 654-5126 • (760) 431-6948 (fax)
(800) 650-5115 (fax)

Hay House USA: **www.hayhouse.com**®

UN
CURSO
PARA
PERDER
PESO

21 LECCIONES
ESPIRITUALES PARA
OLVIDAR EL SOBREPESO
PARA SIEMPRE

MARIANNE
WILLIAMSON

HAY HOUSE, INC.
Carlsbad, California • New York City
London • Sydney • Johannesburg
Vancouver • Hong Kong • New Delhi

Derechos © 2010 por Marianne Williamson

Publicado y distribuido en los Estados Unidos por: Hay House, Inc., P.O. Box 5100, Carlsbad, CA 92018-5100 USA • (760) 431-7695 ó (800) 654-5126 • (760) 431-6948 (fax) ó (800) 650-5115 (fax) • www.hayhouse.com®

Supervisión de la editorial: Jill Kramer • *Editora del proyecto:* Shannon Littrell
Traducción al español: Adriana Miniño: **adriana@mincor.net**

Título del original en inglés: *A COURSE IN WEIGHT LOSS: 21 Spiritual Lessons for Surrendering Your Weight Forever*

ISBN: 978-1-4019-3401-9
Digital ISBN: 978-1-4019-3402-6

Impresión #1: Mayo 2012

Impreso en Los Estados Unidos

Para Oprah

Este libro comenzó y terminó como una conversación entre amigas. Oprah Winfrey fue quien lo inspiró, dirigió su curso y guió su visión. Definitivamente, a nivel del alma, y de muchas maneras, también a nivel literario, este libro es el fruto de un esfuerzo en conjunto. Cada página es una muestra de mi afecto y mi aprecio hacia ella; mi esperanza es que le brinde tanto consuelo a ella, como ella ha llevado a tantos.

Aquellos lectores que sientan que este libro es un regalo, sepan que sí es un regalo de parte de ella.

CONTENIDO

❦ PREFACIO ❧

En este maravilloso e inspirador libro Marianne William-son trata no solamente el origen del exceso de peso, sino también de nuestro sufrimiento.

Durante más de 30 años, mis colegas y yo en el Instituto de Investigaciones para la Medicina Preventiva, una entidad sin ánimo de lucro, hemos llevado a cabo una serie de estudios que demuestran que cuando tratamos las *causas* subyacentes de una enfermedad, nuestros cuerpos a menudo tienen una capacidad increíble para comenzar a sanarse, y de forma mucho más rápida de lo que alguna vez se creyó posible. Hemos usado formas de medición de alta tecnología, con las últimas innovaciones de vanguardia, para comprobar el poder de estas antiguas intervenciones de poca tecnología y bajo costo.

Nuestras investigaciones comprueban que el progreso de hasta graves enfermedades del corazón, a menudo puede revertirse adoptando cambios integrales en el estilo de vida; al igual que el cáncer incipiente de próstata, diabetes, presión arterial alta, niveles de colesterol alto, artritis y depresión. Hemos publicado estudios que demuestran que cuando uno cambia su estilo de vida cambia sus genes; activando los genes que previenen las enfermedades y desactivando aquellos que promueven las enfermedades coronarias, el cáncer y otras afecciones, incluso incrementando una enzima que alarga los *telómeros* (los extremos de nuestros cromosomas que controlan el envejecimiento), promoviendo así la longevidad. Además, las personas perdieron un promedio de 24 libras (11 kilos) el primer año, y cinco años después no habían recuperado la mitad de ese peso.

No obstante, si literal o figurativamente solo *obviamos* las causas subyacentes, con frecuencia el mismo problema recurre: recuperamos el peso perdido, las arterias coronarias tratadas con injertos de derivación se obstruyen de nuevo, requerimos de medicinas de por vida; o bien, ocurre una nueva serie de problemas o se presentan opciones muy dolorosas. En mis conferencias, a menudo expongo una diapositiva donde se ven unos médicos limpiando afanosamente el piso alrededor de un fregadero, donde el agua se desborda sin cesar, sin cerrar la llave.

Las decisiones diarias respecto a nuestro estilo de vida, alimentación y cómo llevamos nuestra vida, se encuentran entre las causas ocultas más importantes de la obesidad y de otras enfermedades crónicas. Pero existe un origen aún más profundo que afecta poderosamente las decisiones de nuestro estilo de vida: la separación de lo que realmente somos; la percepción errada de que estamos separados y *solamente* separados. Esto es lo que Marianne describe de forma tan elocuente e inteligente en este libro.

La información es importante, pero por lo general no es suficiente para motivar cambios duraderos en la dieta y en el estilo de vida. Si así fuera, todos estaríamos delgados y sanos, puesto que la mayoría de la gente sabe cuáles alimentos son sanos y cuáles son perjudiciales. Nadie fumaría. Todo aquel que fuma sabe que no es bueno para su salud: la advertencia del Cirujano General está en todos los paquetes de cigarrillos, por lo menos en este país. No obstante, una tercera parte de los estadounidenses todavía fuman. Claramente, debemos trabajar a un nivel más profundo.

La verdadera epidemia no es solo la obesidad, las enfermedades del corazón y el cáncer; es la soledad, la depresión y el aislamiento. Si tratamos estos asuntos más profundos, será más fácil que las personas realicen cambios duraderos en sus conductas.

En nuestros estudios, pasaba mucho tiempo con los participantes a lo largo de un periodo de varios años, llegando a conocernos mutuamente muy bien, y una confianza muy poderosa surgía.

Les preguntaba: "Díganme una cosa. ¿Por qué comen demasiado? ¿Por qué fuman? ¿Por qué toman demasiado alcohol? ¿Por qué trabajan demasiado? ¿Por qué abusan de las drogas? ¿Por qué pasan tanto tiempo frente al televisor? ¿Por qué pasan tanto tiempo en el Internet o jugando video juegos? Estas conductas me parecen que denotan una falta de adaptación".

Me respondían: "Dean, tú no entiendes. Estas conductas no son anormales, son *muy* normales, pues nos ayudan a superar el día. Anestesian nuestro dolor emocional".

Superar el día se convierte en algo más importante que tener una larga vida cuando uno se siente solo, deprimido y aislado. Tal como me dijo un paciente: "En este paquete de cigarrillos tengo 20 amigos. Siempre están ahí para mí, nadie más lo está. ¿Quieres quitarme a mis 20 amigos? ¿Qué me vas a dar a cambio?".

Otros pacientes se refugian en la comida. Como alguien me dijo en una ocasión: "Cuando me siento solo, como muchos alimentos grasosos; hacerlo apacigua mis nervios y anestesia mi dolor. Puedo llenar el vacío con comida". Existe una razón por la que a los alimentos grasosos se les denomina "comida reconfortante". Tenemos muchas formas de anestesiar, eludir y distraernos del dolor.

Tomar conciencia es el primer paso para la sanación. Parte del beneficio del dolor es llamar nuestra atención, ayudarnos a hacer la conexión entre la razón de nuestro sufrimiento y el momento de nuestro sufrimiento, para que todos podamos tomar decisiones más divertidas y sanas.

Experimentar dolor emocional y desdicha puede ser un catalizador poderoso para transformar no sólo conductas como la dieta y el ejercicio, sino también para ocuparnos de los asuntos más profundos que realmente nos motivan.

"Pues bien, puede ser difícil cambiar, pero estoy sufriendo tanto, que estoy dispuesto a intentar algo nuevo". En este punto, las personas, guiadas apropiadamente, están más dispuestas a elegir opciones para su estilo de vida que ayuden a mejorar su calidad, que aquellas que son autodestructivas.

Debido a que los mecanismos que afectan nuestra salud son tan dinámicos, cuando trabajamos a un nivel más profundo, estamos más propensos a sentirnos mucho mejor, y de una manera muy rápida, que se replantean las razones para cambiar del miedo a la muerte hacia la alegría de vivir.

La alegría, el placer, la libertad y el amor apoyan la vida. Incluso, más que sentirse sanos y perder peso, la mayoría de la gente desea sentirse libre y en control.

Por esta razón, las dietas no funcionan. Las dietas tienen que ver con lo que uno *no puede* tener y con lo que uno *debe* hacer. Si usted *comienza* una dieta, es muy probable que la abandone tarde o temprano. Si *comienza* un programa de ejercicios es muy probable que también lo *abandone* tarde o temprano.

Además, las dietas se basan a menudo en el miedo de que algo malo le puede ocurrir si no lo hace: un ataque al corazón, un derrame cerebral o cáncer. Los esfuerzos que tratan de motivar a las personas a cambiar su estilo de vida basados en el miedo, no funcionan, porque no queremos creer que algo realmente malo puede llegar a ocurrirnos, por lo cual, no pensamos en eso.

El miedo no es un motivador sustentable. ¿Por qué? Es muy intimidante. Todos sabemos que vamos a morir un día, la tasa de mortalidad sigue siendo del 100% por persona, ¿pero quién quiere pensar en eso? Incluso los pacientes que han tenido ataques al corazón, por lo general, cambian solo durante unas semanas antes de volver a sus antiguos patrones de vida y alimentación.

El lenguaje del cambio conductual a menudo tiene una calidad moralista que desanima a muchas personas (como "hacer trampa" en una dieta). Hay una distancia muy corta entre considerar la comida "buena" o "mala", y considerarse uno mismo "bueno" o "malo", si se consumen uno de esos alimentos, y esto crea una espiral descendiente en un círculo vicioso.

Por otra parte, el término "acatamiento del paciente" tiene inherente un tono fascista y espeluznante, pues suena como que una persona está siendo manipulada o entregando su voluntad a otra. A corto plazo, es posible que yo logre presionarlo para que cambie su dieta, pero tarde o temprano (por lo general más temprano que tarde), una parte de su ser se rebelará. (Recuerde, "No comerás de la manzana" no funcionó, y eso que fue Dios quien lo dijo...).

La fuerza de voluntad es solo otra forma de decir que usted se está forzando a sí mismo para hacer algo, y presionarse para hacer algo no es sustentable. Repito, lo sustentable es el amor, la alegría, el placer y la libertad.

Cuando inevitablemente abandonamos una dieta, por lo común nos reprochamos. Por consiguiente, la humillación, la culpa, la ira y la vergüenza son inherentes a la mayoría de las dietas y programas de cambio de estilo de vida, y estas emociones están entre las más tóxicas de todas.

Por el contrario, con Marianne, como nuestra guía, podemos retroceder al origen de nuestro sufrimiento: hemos olvidado quiénes somos realmente. La palabra *salud* proviene de la raíz "integrarnos". La palabra *yoga* se deriva del sánscrito y significa "acoplar", reunir. La ciencia está ayudando a documentar la sabiduría de las tradiciones antiguas.

Las relaciones íntimas son sanadoras. La confianza lo es todo, porque solamente podemos intimar al grado que nos hacemos emocionalmente vulnerables. Una relación de compromiso total permite que las dos personas confíen plenamente la una en la otra. La confianza nos hace sentir seguros. Cuando nos sentimos seguros, podemos abrir nuestro corazón ante la otra persona y estar completamente desnudos y vulnerables ante ella: física, emocional y espiritualmente. Cuando nuestro corazón está completamente abierto y vulnerable, podemos experimentar niveles profundos de intimidad, los cuales son sanadores, gozosos, poderosos, creativos e intensamente eufóricos. Podemos entregarnos mutuamente en razón de nuestra fortaleza y sabiduría, no en razón de nuestro miedo, debilidad u obediencia.

Si esa confianza ha sido violada por abuso físico, sexual o emocional, especialmente si ha sido de parte de un familiar que se supone que está para protegernos, las relaciones íntimas pueden ser peligrosas y atemorizantes. Comer excesivamente se convierte con frecuencia en una forma de protegernos de más abusos, pero también nos priva de la intimidad sanadora que la mayoría de nosotros deseamos.

Los valores de la comunidad, la compasión, el perdón, el altruismo y el servicio son parte de casi todas las tradiciones espirituales y religiosas, así como de muchas organizaciones seculares —a esto lo llama el filósofo alemán Leibniz "filosofía perenne"— los fundamentos comunes y eternos de todas las religiones, una vez que uno va más allá de los rituales y las formas que demasiado a menudo se usan para dividir en vez de unificar.

El altruismo, la compasión y el perdón pueden ser tan sanadores para el que los ofrece como para el que los recibe, porque dar con un corazón abierto ayuda a sanar del aislamiento y la soledad que nos separa. Cuando perdonamos a los demás, eso no excusa sus acciones; nos libera de nuestro propio estrés y sufrimiento. Esto permite niveles profundos de intimidad y comunidad: poderosas fuentes de sanación. Cuando el odio se encuentra con el amor y el miedo con la esperanza, esto lo transforma a *usted* así como a las personas que lo rodean.

Los antiguos swamis y rabinos, monjes y monjas, mullahs y maharishis, no usaban las prácticas espirituales simplemente como técnicas poderosas para el manejo del estrés, aunque lo son. También son herramientas poderosas para la transformación y la trascendencia, ofrecen una experiencia directa de lo que significa sentirse felices y en paz, si simplemente dejamos de perturbar nuestro estado natural de paz interior.

Estas técnicas no *brindan* paz y felicidad; sencillamente, nos ayudan a experimentar y a descubrir de nuevo la paz interior que ya está ahí, una vez que dejamos de perturbarla. Como el maestro espiritual ecuménico Swami Satchidananda decía a menudo: "No soy hindú hacedor; soy *deshacedor*".

La oración y la meditación nos permiten tener acceso a nuestra sabiduría interna de forma más intencional. ¿Alguna vez se ha despertado en medio de la noche encontrando la solución a un problema que lo había estado molestando? Todas las tradiciones espirituales la describen como una "voz quieta y tenue en nuestro interior", una voz que habla muy claro, pero muy calladamente. A veces está apagada por el parloteo y las ocupaciones de la vida diaria. Para muchos, la única ocasión en que la mente está lo suficientemente callada para escuchar nuestra propia voz interna es cuando nos despertamos en medio de la noche. En algunos momentos nos dice: "Escucha, presta atención. Tengo algo importante que decirte".

Al final de una sesión de meditación —ya sea de un minuto o una hora— mi mente está mucho más callada y calmada, por lo que puedo escuchar con mayor claridad esa vocecita sosegada. Entonces, me pregunto: "¿Qué es lo que debo escuchar que no le estoy prestando atención?" Entonces, espero y escucho.

Con el tiempo, he aprendido a confiar y a reconocer mi voz interior. Todos pueden hacerlo. Cuando practicamos a escuchar nuestra voz interior, en momentos de silencio, aprendemos a tener acceso a ella en los momentos estresantes cuando más la necesitamos.

Si le prestamos atención a nuestra sabiduría interior, a menudo podemos reconocer los problemas en sus etapas más tempranas, cuando son más fáciles de rectificar. Como dijo en una ocasión Oprah Winfrey: "Escucha el susurro antes de que se convierta en un grito".

La meditación, la oración y otras prácticas espirituales pueden ofrecer una experiencia directa de la interconexión de la vida. En un nivel, todos estamos separados y distanciados mutuamente. Usted es usted y yo soy yo.

En otro nivel, las prácticas espirituales llevadas a la suficiente profundidad, nos permiten experimentar que somos parte de algo mucho más grande que nos conecta, sea cual sea el nombre que le demos (incluso darle un nombre es limitar lo que es una experiencia ilimitada). Somos *parte* y no estamos *aparte* de todos y de todo. Somos Eso. En este contexto, el amor no es algo que recibimos; es lo que somos.

Cuando podemos mantener esa "doble visión" —tanto la dualidad como la unidad subyacente— podemos entonces disfrutar la vida con más plenitud y lograr mucho más sin sufrir ni estresarnos tanto, desde un lugar de integridad en lugar de carencia, de un sentimiento de interconexión en lugar de separación y aislamiento. Nuestras vidas se convierten en manifestaciones de amor, en actos de amor: la fuerza más poderosa del universo.

Y, por cierto, es muy probable que pierda peso y no lo recupere, pues perder peso de forma permanente es consecuencia de una sanación profunda. Este libro ilumina, de forma brillante, el sendero que nos aleja de la oscuridad.

Doctor Dean Ornish, fundador y presidente del Instituto para la Investigación de la Medicina Preventiva; catedrático de medicina, Universidad de California, San Francisco • **www.pmri.org**

~⁀☙ INTRODUCCIÓN ☙⁀~

Este libro es un programa de estudios espirituales que consiste en 21 elecciones. No tiene ninguna relación con nada que hayas hecho relacionado con dietas o ejercicios. Es un reentrenamiento de tu conciencia en el área del peso.

Quizá hayas hecho esfuerzos increíbles para perder peso en el pasado, usando todo desde planes extraordinarios de dietas hasta proezas casi súper humanas de ejercicios y, no obstante, misteriosamente, te has encontrado incapaz de perder este peso de forma permanente. Aunque por un tiempo hayas logrado cambiar tu conducta, todavía no has experimentado el nivel profundo de cambio necesario para resolver verdaderamente el problema.

Por tus propios medios, puedes haber cambiado tus ideas conscientes, pero tú solo no puedes cambiar tu subconsciente. Y a menos que tu mente *subconsciente* participe en tus esfuerzos para perder peso, siempre encontrará la forma de recuperar el exceso de peso sin importar lo que hagas.

Solamente el Espíritu tiene el poder de reprogramar tu mente consciente y subconsciente de forma positiva y permanente. La sanación integral de cualquier condición involucra la aplicación de poderes internos, así como externos, y comer excesivamente de forma compulsiva no es la excepción. Este curso es un plan de lecciones para alinear tus ideas con los principios espirituales que te liberarán.

Los principios que guían estas elecciones no son difíciles, pero son diferentes de la forma en que pensarías normalmente. Los principios son los siguientes:

Tu cuerpo por sí mismo es completamente neutral. No ocasiona nada; es completamente un efecto, no una causa.

Ni una mala dieta ni la falta de ejercicio son la *causa* de tu exceso de peso. La mente es la causa; el cuerpo es el efecto. La causa de tu exceso de peso está en tu mente.

La causa de tu exceso de peso es el miedo, el cual está en un lugar en tu mente en donde el amor está bloqueado.

El miedo se expresa a sí mismo como necesidades subconscientes, las cuales luego se expresan a sí mismas como hábitos excesivos o perjudiciales o como una resistencia al ejercicio apropiado. El efecto final, el sobrepeso, podrá ser sanado de forma permanente y fundamental una vez que el miedo mismo sea erradicado.

El propósito de este curso es erradicar tu miedo y reemplazarlo con un amor inestimable.

Puede sonar extraño considerar que el miedo es la fuente de tu problema de peso, no obstante, lo es. Una vez que tu mente se entrena para liberarse de su miedo, tu cuerpo se libera del exceso de libras. Pues ese cambio radical en tu manera de pensar, del miedo al amor, es un milagro: la reprogramación de tu conciencia a un nivel causal, liberando el nivel de los efectos corporales para pasar de la disfunción a la sanación. Este curso no trata de tu relación con la comida; trata de tu relación con el amor, pues el amor es tu verdadero sanador. Y los milagros ocurren naturalmente en la presencia del amor.

El amor es tanto lo que te ha creado como lo que te sostiene. Es tu conexión con tu verdadera realidad, así como tu alineación con el flujo positivo del universo. Recordar esta verdad divina de que eres amor, es la clave para tu sanación, pues tu relación con la comida está en un área en donde tu sistema nervioso ha perdido el recuerdo de su inteligencia divina. Cuando recuerdas tu propia verdad divina, las células de tu cuerpo recuerdan la suya.

El cuerpo posee una inteligencia natural para crear y mantener el peso perfecto para ti siempre y cuando la mente esté alineada con su propia perfección. Tu peso perfecto está codificado en patrones naturales de tu verdadero ser, así como tu *todo* perfecto está codificado en los patrones de tu verdadero ser. Tu ser *real* sabe exactamente cómo residir en tu cuerpo de la forma más sana y más feliz, y lo hará automáticamente cuando tú restablezcas tu conexión consciente con la realidad espiritual. Al regresar a la verdad de lo que realmente eres, llegarás a un lugar donde todos tus problemas relacionados con el peso desaparecerán.

La reconexión con tu realidad espiritual se logra a través de una fuerza llamada aquí la Mente Divina. Es un gran regalo de Dios que te regresará tu sanidad, una vez que decidas invocarla. Tu compulsión está en un lugar en donde, en tu olvido espiritual, te vuelves temporalmente demente, aunque sea por un momento, lo suficiente como para abrir una bolsa de papas fritas que activan un atracón de comida. Perdido en tu olvido, tus ideas se vuelven confusas y eres incapaz de decir "no", cuando algo verdaderamente perjudicial para tu bienestar está haciéndose pasar por un amigo amoroso y confiable. La Mente Divina es la fuerza opositora para esta demencia temporal; cuando te pierdas en momentos de olvido espiritual, te recordará quién eres.

La conciencia de la raza humana está dominada por el miedo, el cual se incorpora a tu vida en forma de un patrón conductual particular: el impulso de comer en exceso. Al seguir este curso, le darás la orden de marcharse al espíritu del miedo.

El poder del amor es perfecto, creativo, independiente, saludable, auto sanador y abundante. El poder del miedo es demente, destructor, violento, enfermizo y carente. Se expresa a sí mismo como un impostor, distorsionando tu verdadera naturaleza y haciéndote que te comportes de alguna manera que es opuesta a lo que verdaderamente eres. Es espiritualmente inmaduro subestimar el poder de cualquiera de estas dos fuerzas. Ambas están activas. Y ambas tienen su mirada puesta en ti. Una te desea el bien y la otra desea tu muerte.

Cuando las fuerzas subconscientes llevan a una persona a una conducta crónica autodestructiva, en donde su mente consciente tiene muy poco o ningún control, esto se llama adicción. La adicción es un sistema de conductas autogeneradas sobre las cuales el sistema de respuestas psicológicas autogeneradas no tiene influencia alguna. La adicción es cuando no puedes dejar de hacer algo. Cuando algún tipo de locura toma el control y luego haces o no haces eso que todo lo arruina, te arrebatas la felicidad de tus manos, quedas desesperado cuando ves en lo que se ha convertido tu vida. Es la vida a expensas de una bruja malvada que parece adueñarse de tu cerebro y ahora lo usa como su cuarto de control, dirigiéndote para que hagas las cosas más autodestructivas y luego riéndose a carcajadas, divirtiéndose, mientras tú yaces en el suelo retorciéndote en la miseria inmediatamente después.

Solamente tú sabes si eres o no un adicto a la comida. Todo adicto a la comida es un glotón compulsivo, pero no todo glotón compulsivo es un adicto. Los principios de este curso aplican a ambos.

El amor que te liberará es un amor que proviene de *algo más* que tu mente mortal. Es una intercesión divina de un sistema de ideas más allá de las nuestras. Al poner en manos de Dios tu problema, se crea de nuevo la situación que representa. Aquello que es imperfecto, se vuelve entonces perfecto.

Entender intelectualmente tu cuerpo, tu conexión entre la mente y el cuerpo, la fisiología del ejercicio, o las realidades del metabolismo de los alimentos, significan muy poco si eres adicto. En palabras de Sigmund Freud: "La inteligencia será usada al servicio de la neurosis". El hecho de que por ti mismo hayas comprendido o no, tiene muy poco impacto o ninguno en todo esto. No importa lo inteligente que seas ni lo mucho que hayas "trabajado en ti mismo", tú solo no puedes superar la fuerza mental de la compulsión y la adicción. Si pudieras, ya lo habrías hecho. Para este problema, arraigado y pernicioso, necesitas que te ayuden las fuerzas espirituales. Para esto, necesitas a Dios.

Este curso no trata de comida, sino de espiritualidad. La búsqueda de un poder mayor al tuyo propio. No se trata de adicciones, sino de una fuerza más poderosa que tu adicción. Nuestro propósito no es analizar tu oscuridad, sino encender una luz que, atrapada en tu interior, está ahora lista para resplandecer.

El espíritu del miedo es amor invertido, o tu propio poder mental en contra tuya. ¿Alguna vez te has descubierto diciendo algo sabiendo en tu corazón que era lo opuesto a lo que realmente sentías? En un momento de odio hacia ti mismo, tu mente llegó a tergiversarse tanto que te convenció de que estabas actuando motivado por el amor propio. "Me estoy comiendo estas galletas para *sentirme mejor*". "Me estoy comiendo este pan entero porque *me nutre emocionalmente*". No sólo tu mente, sino también tu cuerpo se puede volver demente. La compulsión y la adicción transforman las tendencias vitales de la mente y el cuerpo, los cuales se encuentran temporalmente inoperantes. Esta no es una guerra que la razón puede ganar.

Así es que hazte esta pregunta: ¿Estás dispuesto, siquiera por un momento, a considerar la posibilidad de que Dios puede ser más hábil que tu demencia? Si sientes que no puedes seguir librando esta guerra por ti mismo en tu interior, una guerra que de mantenerse constante podría llegar a matarte, entonces permítete entregarte por completo a una esperanza más ferviente y a sentir, siquiera por un momento, que la ayuda por la que tanto has orado, finalmente ha llegado.

No estarías leyendo este curso sino hubieras llegado ya a este lugar. Algunas veces, tenemos que admitir la oscuridad en nuestro interior, y en otras ocasiones, tenemos que admitir la luz. En el nivel más profundo, no es tu obsesión por la comida lo que debes admitir. En el nivel más profundo, es el recuerdo de tu luz divina lo que debes admitir ante ti mismo... la luz de Dios que vive en tu interior como el regalo que es: la solución a todos los problemas, incluso a este.

Querido Dios:
Por favor libérame
de falsos apetitos
y llévate mi dolor.
Aléjame de mi ser compulsivo
y muéstrame quién soy.
Querido Dios,
Por favor dame un nuevo comienzo.
Desencadena mi corazón
para que pueda finalmente
llevar una vida más libre.
Amén.

EMPRENDER LA JORNADA

Estás a punto de embarcarte en una jornada específica, y al igual que con todas las cosas de tu vida, tienes dos opciones: puedes hacerlo de forma superficial o puedes hacerlo profundamente.

El glotón compulsivo tiene una relación falsa con la comida, pues le ha otorgado un poder que en realidad no posee. Quizá te adhieres a la creencia mágica de que comer te brinda consuelo y fortaleza, aunque estés consumiendo un tipo (o una cantidad) de comida que de hecho solo puede perjudicarte. El glotón compulsivo forma una relación idólatra con la comida en la cual el poder que solo le pertenece a Dios, le ha sido otorgado a otra cosa.

Comienza, sencillamente, comprendiendo esto.

El crecimiento espiritual es un proceso fascinante cuando tú permites que ocurra. Es una jornada interior que va de un entendimiento al otro, en donde, cuando estás listo para recibirlos, las cosas se van dando para que tomes conciencia para tu propio beneficio. Las ideas tergiversadas se aclaran tan pronto las ves cómo son. Tu jornada de la ceguera a la visión espiritual precede tu jornada de comer de forma disfuncional a una relación sana y beneficiosa con la comida; de hecho, es un prerrequisito indispensable. Cuando comprendes profundamente las raíces de tu debilidad, estableces las bases para fomentar nuevas fortalezas.

De lo primero que debes tomar conciencia en tu jornada hacia la libertad, es que has estado creyendo en una mentira. Entonces, al fortalecer tu creencia en esta mentira, la has convertido en verdadera para ti. La mentira es que la comida que es perjudicial para ti tiene el poder de brindarte consuelo, nutrirte y sustentarte. Tu tarea es corregir esa mentira.

La última frase del Padre Nuestro: "Pues tuyos son el reino, el poder y la gloria", significa que "solamente Dios tiene el poder de brindarme consuelo, nutrirme y sustentarme". Esta frase no es una súplica, sino una afirmación que, cuando se pide con devoción, tiene el poder de penetrar en las regiones más profundas de la mente subconsciente. Tomas conciencia de que la comida no puede nutrirte emocionalmente, y que Dios, y solo Dios, puede hacerlo.

Al otorgarle todo el poder al espíritu, reorganizas las energías de tu mente subconsciente; haciendo que cada aspecto tuyo, incluyendo tu cuerpo, regrese a su orden divino perfecto. Tu cuerpo está destinado a ser un reflejo de tu espíritu, y tanto tus ideas como tus células responderán cuando se les recuerde su perfección divina.

El propósito de este curso es recordarle a tu cuerpo su perfección, recordándole a tu mente su perfección. Restableciendo uno, se restablece el otro.

Este curso es acumulativo. Cada día recibirás una lección, y aunque el contenido de esa lección debe ser el enfoque de un día en particular, con el paso de los días, debes permitir que su energía resida continuamente en tu psiquis. Comer compulsivamente involucra dos factores: compulsión y comida. No abandonarás el hábito de comer compulsivamente, sustituyéndolo por otra práctica compulsiva. Por consiguiente, este no es un curso para llevarlo de prisa, sino más bien un proceso en el cual relajarse.

Estas lecciones no tienen la intención de causarte consternación ni sentimientos de culpa. No es posible aprobarlas ni fallarlas; ni *tú* puedes aprobar o fallar. Simplemente, involúcrate en ellas sintiendo que llegas a un lugar tranquilo y sereno, en donde eres igualmente amado ya sea que hagas tu lección "bien" en un día o ya sea que no lo logres por completo. El único caso en que puedes "fallar" una lección es cuando te castigas por tu fracaso. Este curso es una jornada, y como con cualquier jornada seria de autodescubrimiento, hay días en que nos desviamos hacia la oscuridad en nuestro camino hacia la luz.

En los momentos difíciles, quizá leíste algo inspirador en una de las lecciones y cerraste tus ojos en un momento hermoso y pacífico de meditación, pero una hora más tarde, ¡te descubriste comiéndote una bolsa entera de papas fritas!, comprende que el problema no son las papas fritas, sino más bien el miedo que ha surgido ante la presencia del amor.

Se dice que el amor atrae todo lo que es opuesto al amor, y algunas veces justo cuando sentimos que nos estamos acercando a una solución, el problema surge de nuevo y nos arrastra atrapándonos por la garganta. Es natural. Es parte del proceso. No te desesperes.

En una situación así, simplemente respira profundo, reconoce tus esfuerzos y perdónate por el desvío. Debes saber que los patrones de luz que estás estableciendo ahora eliminarán con el tiempo toda oscuridad. Debes saber que los grandes éxitos se logran a menudo dando dos pasos hacia adelante y luego uno o dos hacia atrás. Y debes saber además que las personas delgadas a veces también comen demasiadas papas fritas.

Estas lecciones son sencillas, pero su potencial de sanación es muy profundo. La razón por la cual las lecciones son sutiles es porque comer en exceso no lo es. Solamente el poder del amor puede superar el poder del odio, y no lo dudes por un instante: tus hábitos perjudiciales de comida son un acto de odio hacia ti mismo. Comer en exceso es una forma de violencia y uno de los mecanismos que estás ahora desmantelando es el hábito de embestir la espada contra ti mismo, ya sea ésta un cuchillo o un tenedor.

Comienza con el compromiso de tratarte con cariño. Comer en exceso es un acto emocionalmente violento, y reprocharte por hacerlo es una forma de infligir más violencia. En algún punto, terminarás manifestando esos sentimientos, y es muy probable que trates de apoyarte en tu sistema de respaldo de comer en exceso, como tu forma favorita de expresar el odio hacia ti mismo. No solo eso, sino que el comer en exceso también será la forma perfecta de consolarte mientras sientes toda esa culpa.

¿Te está quedando clara toda esta locura? ¿Y no es una consecuencia lógica pensar que solo un milagro podría desmantelar todas estas ideas y emociones tan extrañas y tergiversadas? En cierto punto, llegas a admitir una verdad que previamente habías resistido: no tienes la capacidad humana de arreglar este problema.

Sin embargo, no es el final. Nada más es el comienzo. Porque cuando comprendes que no puedes sanarte a ti mismo, comienzas a considerar Quién puede hacerlo.

Estas lecciones no son solo para leerlas; seguir este curso requiere tu participación activa. En algunas ocasiones, te será requerido conseguir alguna cosa o realizar una actividad, y con frecuencia te será requerido que escribas. Hay unas páginas al final de este libro para ese propósito, o si deseas puedes usar un diario aparte. A través del curso, escribir será muy útil para ti, pues te ayudará a integrar las lecciones de una manera más completa.

Y, sin más, comencemos la jornada.

Derriba el muro

Nunca fui adicta a la comida, pero por muchos años fui glotona compulsiva. Las dietas no funcionaban. Me dejaba morir de hambre, luego me daba un atracón, me dejaba morir de hambre, luego un atracón, en un ciclo constante de sacrificio y desenfreno. Odiaba muchas cosas respecto a esta situación, pero lo peor de todo era lo mucho que pensaba en la comida. Estaba obsesionada con ella. Los pensamientos relacionados con la comida apenas si abandonaban mi mente.

Y luego, como por milagro, desaparecieron de mi mente. Cuando comencé a estudiar *Un curso de milagros,* no estaba pensando conscientemente que mi peso fuera un área en donde yo deseara un milagro. Pero un día miré hacia abajo y no pude creer lo que vi, ni en la báscula ni en mi cuerpo. El sobrepeso sencillamente se había ido, y entonces comprendí el porqué. El peso había sido apenas una manifestación física de mi necesidad de mantener a la gente alejada de mí. Le temía a la gente y había construido un muro para protegerme. Al practicar el *Curso,* aprendí a extender mis manos hacia el otro lado del muro. Aprendí formas de reemplazar el miedo por amor. Le pedí a Dios que entrara en mi vida y arreglara todo. Y el muro desapareció.

Tu primera lección se enfoca en la siguiente visualización: la imagen del sobrepeso como un muro de ladrillo que llevas a cuestas. Este muro ha sido construido por tu mente subconsciente; su propósito es separarte de las demás personas y de la vida misma. Tu miedo ha construido este muro y el amor lo derrumbará.

Cuando miras de cerca, observas que cada ladrillo tiene algo escrito:

Vergüenza

Ira

Miedo

Rencor

Juicio

Desdén

Responsabilidad

excesiva

Presión

Agotamiento

Agobio

Estrés

Angustia

Injusticia

Protección

Orgullo

Egoísmo

Envidia

Codicia

Pereza

Separación

Deshonestidad

Arrogancia

Inferioridad

Bochorno

Sacrificio

Permítete ahora leer esta lista de nuevo, muy lentamente. Con cada palabra, pregúntate si representa o no una idea, una realidad emocional o un defecto de carácter que tenga que ver contigo. Debes saber que la gran mayoría de las personas, si son verdaderamente honestas, dirían "sí". (Incluso puedes añadir algunas palabras tuyas a la lista). Y con cada palabra, vete lentamente al corazón y permítete identificar las circunstancias o las situaciones en tu vida con las que te conecta esta palabra.

El peso que quieres perder se adhirió a tu conciencia antes de unirse a tu cuerpo. Tu cuerpo es sólo una pantalla en la que se proyecta la naturaleza de tus pensamientos. Una vez que el peso se elimina de tu conciencia, también se elimina de tu experiencia física. Al pedirle a Dios que elimine la causa, automáticamente eliminas el efecto.

El peso en tu mente, y por consiguiente en tu cuerpo, es el peso de tus propias sombras emocionales que todavía no han estado expuestas a la luz, ya sean sentimientos sin procesar, ideas negativas, actitudes basadas en el miedo o características de la personalidad. No son distintas a las sombras de otras personas.

Lo que sí es particular a tu situación es que, por la razón que sea, estos sentimientos o ideas han quedado congelados en tu interior y no han sido procesados de forma apropiada. En vez de sentirte triste, es decir, pasar por tu proceso de tristeza y luego superarla, es probable que por varias razones, tu tristeza se haya quedado estancada en tu mente. Y después se queda estancada en tu cuerpo. No consigues asimilar una experiencia y entonces dejarla ir. Emocional y mentalmente, así como físicamente, nuestro sistema debe procesar los desperdicios.

Las experiencias dolorosas no fueron hechas para perdurar. Fueron hechas para enseñarnos lo que deben enseñarnos, y más tarde disolverse en el dominio de la memoria de las cosas a las que les prestas muy poca atención o enfoque.

Incluso la amargura de nuestro pasado puede transformarse en una aceptación pacífica. No obstante, si tu sistema psicológico de eliminación de desperdicios está descompuesto, intentas en tu subconsciente deshacerte de estas ideas y emociones, comiéndotelas. *Si no puedo procesar mi tristeza, quizá me pueda comer mi tristeza. Si no puedo procesar mi ira, quizá me pueda comer mi ira.*

En la ausencia de una válvula de salida para lo que podríamos considerar tu alcantarillado psicológico, tus ideas y emociones sin procesar se han incrustado, *literalmente,* en tu carne. Son la materialización de la energía densa y sin procesar que no tenía más adonde ir. Llevas tus cargas contigo, no solamente contigo, sino sobre ti. Este curso es un método para entregárselas a Dios.

No es que las demás personas no tengan emociones sin procesar; todos las tenemos: para algunos el dolor sin procesar se expresa consumiendo drogas o alcohol; para otros, a través de arranques emocionales; a otros más, en el sexo promiscuo y así por el estilo. La forma de disfunción no es particularmente relevante; lo que importa es que tratemos el sufrimiento subyacente que está sin procesar.

Para que tu sanación sea real y profunda, debes estar dispuesto a ser real y profundo con los temas que tratamos aquí. Nadie más tiene que saber lo que te es revelado, a menos que elijas compartir la información con un amigo en quien confíes. Esta jornada es sagrada, en ella recorres los secretos de tu corazón al lado de Dios.

Con esta lección, comenzarás a derribar el muro.

Existen solo dos categorías de pensamientos: de amor y de miedo; y la única forma de trascender el miedo es reemplazándolo con amor. Cuando identificas los pensamientos de miedo y se los entregas a la Mente Divina, el amor surge naturalmente. Cuando entregas los pensamientos que te llevan a comer en exceso, toman su lugar pensamientos que te inclinan a comer sano.

El miedo sin procesar abandonará entonces tu sistema, llevándose con el tiempo las libras de carne que ha producido. Al llevarlos a tu mente consciente y entregarlos a Dios, tu miedo, y luego tu peso en exceso, serán transformados y eliminados.

En el pasado, puede ser que simplemente hayas ignorado o eliminado los pensamientos, las emociones y los recuerdos que te causaron dolor. No obstante, al hacerlo detuviste un proceso natural en el cual esos pensamientos y emociones podían ser transformados. El dolor ahora se ha introducido en tu carne. Ahora recuerdas que tienes otra opción: puedes mirar el dolor, y luego liberarlo en Aquél en Cuyas manos se disolverá para siempre.

No es suficiente simplemente identificar tu dolor; debes entregarlo por completo para su sanación. Decir, por ejemplo: "Me siento muy abochornado ante esta o aquella situación", no es una sanación por sí misma. Decir: "Querido Dios, me siento muy abochornado por esta situación. Por esta razón, coloco todo lo que ocurrió y todas mis emociones sobre ella en Tus manos. Por favor, ayúdame a ver de forma diferente". *Eso* es sanación.

Lo que se coloca en el altar queda alterado; cuando entregas por completo una situación, tus ideas al respecto cambian. La Mente Divina acude ante tus ideas mundanas, desde un sistema de pensamientos más allá del tuyo propio, que está autorizado a llevarte de nuevo a la gracia y a la cordura. Puedes considerarlo como intercesión divina; este curso es un plan de lecciones en mentalidad milagrosa, aplicada a tus esfuerzos de perder peso. La Mente Divina derrumbará el muro que te rodea cuando observes cada ladrillo, reconozcas las ideas y sentimientos que han impregnado cada ladrillo con una fuerza tan adictiva, y los coloques en Sus manos. Entrégale lo que no deseas, y lo que no deseas desaparecerá.

Reconociendo lo que constituye el muro a tu alrededor, comienzas el proceso de desmantelarlo.

Regresa ahora a las palabras listadas al comienzo del capítulo que representan los ladrillos en tu muro. Por cada palabra, escribe en tu diario lo que es cierto para ti. No te afanes en este proceso. Sé tan detallado y minucioso como te sea posible, sintiéndote libre de regresar a ciertas palabras una vez que has pasado por ellas. Permítete observar y sentir, y terminarás por entender. Esta es una oportunidad muy importante de ver tu luz, si tienes el suficiente coraje para observar tu oscuridad.

Vergüenza: *Me siento avergonzado de* _____.

Quizá actuaste de forma insensata y te aferras a la idea de que las personas todavía lo recuerdan...

No lo dejes en tu inconsciente. Escríbelo todo.

Ira: *Siento ira hacia* _____.

Quizá te sientes injustamente tratado y no has liberado todavía tu ira ante la maldad ajena. O quizá no te has perdonado por una conducta auto saboteadora del pasado que afecta tu vida actual...

No lo dejes en tu inconsciente. Escríbelo todo.

Miedo: *Tengo miedo de* _____.

Quizá cargas un miedo secreto por la pérdida o la tragedia, y todavía no has aprendido a entregárselo a Dios...

No lo dejes en tu inconsciente. Escríbelo todo.

Rencor: *No he perdonado a* _____ *por* _____.

Quizá alguien traicionó tu corazón y no has podido perdonarlo todavía...

No lo dejes en tu inconsciente. Escríbelo todo.

Juicio: Juzgo a _____ *por*

_____.

Quizá piensas que otras personas se conducen en formas en que no deberían, y piensas o te expresas de ellas en términos negativos...

No lo dejes en tu inconsciente. Escríbelo todo.

Desdén: Siento desdén hacia

_____.

Quizá hay personas que están en desacuerdo contigo y las desprecias por sus creencias y acciones...

No lo dejes en tu inconsciente. Escríbelo todo.

Responsabilidad excesiva: Soy responsable de

_____.

Quizá cargas el peso de creer que eres responsable de cosas que están fuera de tu control...

No lo dejes en tu inconsciente. Escríbelo todo.

Presión: Me siento muy presionado por

_____.

Quizá sientes que en casa, en el trabajo, en tu relación amorosa, como amigo, como empleado, o como padre, tienes más presión de la que puedes soportar...

No lo dejes en tu inconsciente. Escríbelo todo.

Agotamiento: Estoy agotado porque

_____.

Quizá te sientes física, mental y emocionalmente tan cansado que apenas si puedes lograr levantarte algunos días...

No lo dejes en tu inconsciente. Escríbelo todo.

Agobio: Me siento agobiado por

_____.

Quizá cargas un dolor en tu corazón que te pesa demasiado y te derrumba...

No lo dejes en tu inconsciente. Escríbelo todo.

Estrés: *Estoy estresado por* _____.

Quizá las cuentas que debes, las responsabilidades que cargas, las necesidades de tu familia, las exigencias de tu trabajo y cosas por el estilo son una fuente constante de estrés...

No lo dejes en tu inconsciente. Escríbelo todo.

Angustia: *Siento un peso en mi corazón debido a*

_____.

Quizá alguien que amas está enfermo, te ha abandonado o ha muerto...

No lo dejes en tu inconsciente. Escríbelo todo.

Injusticia: *No es justo que yo*

_____.

Quizá te han menospreciado, ignorado, dejado a un lado o te han tratado injustamente. O quizá no puedes soportar la injusticia perpetuada contra los demás...

No lo dejes en tu inconsciente. Escríbelo todo.

Protección: *Siento que necesito protección de*

_____.

Quizá sientes que hay una persona o una condición que es una amenaza a tu bienestar, que te atemoriza...

No lo dejes en tu inconsciente. Escríbelo todo.

Orgullo: *Me siento orgulloso cuando*

_____.

Quizá careces de humildad cuando lidias con los demás, no los escuchas verdaderamente o no admites haber cometido un error...

No lo dejes en tu inconsciente. Escríbelo todo.

Egoísmo: *Soy egoísta cuando*

_____.

Quizá tomas lo que deseas en tu vida sin pensar en las necesidades de los demás...
No lo dejes en tu inconsciente. Escríbelo todo.

Envidia: *Siento envidia cuando*

_____.

Quizá atacas a los demás cuando temes su éxito, pues no has aprendido que las bendiciones de los demás y lo que ellos tienen es una forma de manifestar la misma abundancia en tu propia vida...
No lo dejes en tu inconsciente. Escríbelo todo.

Codicia: *Siento codicia cuando*

_____.

Quizá acumulas más de lo que necesitas en tu vida, sin considerar la moderación, el equilibrio ni las necesidades de los demás...
No lo dejes en tu inconsciente. Escríbelo todo.

Pereza: *Soy perezoso cuando*

_____.

Quizá no asumes la responsabilidad de generar energía en una forma positiva, vital y productiva...
No lo dejes en tu inconsciente. Escríbelo todo.

Separación: *Me siento separado de*

_____.

Quizá hay un amigo, familiar, organización o comunidad de la cual te has desconectado, dejando un dolor en tu corazón...

No lo dejes en tu inconsciente. Escríbelo todo.

Deshonestidad: Siento que no puedo ser honesto respecto a
_____.

Quizá cargas con un secreto, algo que sientes que no puedes decírselo de forma segura a nadie. Quizá es un secreto de culpabilidad, o simplemente algo por lo que temes ser juzgado...

No lo dejes en tu inconsciente. Escríbelo todo.

Arrogancia: Soy mejor que
_____.

Quizá piensas que eres más inteligente, mejor, más calificado o más valioso que alguien más... quizá sientes que tu sensibilidad te convierte en superior...

No lo dejes en tu inconsciente. Escríbelo todo.

Inferioridad: No me siento tan bueno como
_____.

Quizá sientes que otros son más inteligentes, mejores o más calificados, o más valiosos que tú... quizá sientes que tu peso te hace inferior...

No lo dejes en tu inconsciente. Escríbelo todo.

Bochorno: Me siento abochornado porque
_____.

Quizá has fallado en alguna forma frente a los demás... quizá tus asuntos respecto al peso han aumentado este bochorno... quizá tu cónyuge o tus hijos te han abochornado por tu apariencia...

No lo dejes en tu inconsciente. Escríbelo todo.

Sacrificio: He construido este muro para que los demás no me odien por mi belleza y mi éxito, y por parecer que lo tengo todo _____.

Quizá has elegido subconscientemente el sobrepeso como una concesión para obtener la aprobación de los demás, como si por el hecho de tener una cosa que te ocasione dolor tu vida no sería perfecta y así no los ofenderías...

No lo dejes en tu inconsciente. Escríbelo todo.

Reflexión y oración

Cierra tus ojos, visualízate sobre una luz dorada.

Mira toda la carne que consideras exceso de peso como un muro que llevas a cuestas. Observa de cerca el muro, date cuenta que está construido de tu propio sufrimiento y dolor.

Ahora pídele a Dios que camine contigo hacia el muro. Juntos, entre los dos, comiencen a quitar cada ladrillo, uno por uno, terminando por desmantelar el muro. Explícale lo que cada ladrillo significa para ti, y luego observa cómo cada vez que Él lo toca, se derrumba.

No te apresures ante esta visión; más bien, sostenla tanto como puedas, el espíritu iluminará tu entendimiento y te dará permiso para sentir el dolor que has negado por tanto tiempo. Y el dolor comenzará a partir...

Querido Dios:
Por favor elimina el muro que he construido a mi alrededor.
Lo he construido tan fuerte, querido Dios,
que ahora no puedo derrumbarlo.
Te lo entrego:
cada pensamiento de separación,
cada emoción de miedo,
cada pensamiento de rencor.
Por favor, querido Dios,
quítame esta carga
para siempre.
Amén

✳ ✳ ✳

TÚ DELGADO, TE PRESENTO A TÚ NO DELGADO

La lección de hoy trata de llegar a conocer y a amar esa parte tuya que come en exceso.

Son partes tuyas de la misma forma que el color azul tiene tonalidades. Hay azul pastel: mezcla de azul con blanco. Azul oscuro: mezcla de azul con negro. Azul púrpura: mezcla de azul con rojo. Todos son azules, no obstante, son diferentes gamas de un color. Lo que tienen en común es el azul mismo.

Igualmente ocurre contigo. Al igual que todos, eres un ser multidimensional. Hay muchas facetas en ti, todas viven juntas en tu psiquis. Éstas diferentes "partes" de tu ser, conforman un mosaico que constituye la totalidad de lo que eres.

Está la parte tuya en donde tu identidad básica está mezclada con un corazón sano y una alta autoestima, es cuando estás feliz, sano y te sientes exitoso. También está la parte tuya en donde tu identidad básica está mezclada con traumas y baja autoestima; es cuando te sientes neurótico,

35

compulsivo, adicto y así por el estilo. Lo que todas las partes tienen en común es que son *tú,* manifestándote en muchas formas diferentes dependiendo de una variedad de factores y experiencias a lo largo de tu vida.

Puedes expresarte de forma hermosa, serena y amorosa en un aspecto de tu personalidad; y por el contrario, de forma malvada, frenética y temerosa en otra. Todo el mundo es una mezcla de características, pocas personas son completamente perfectas o totalmente imperfectas. No obstante, esos lugares en donde eres imperfecto no es en donde eres malo; simplemente es en donde estás herido. Y lo que te hiere, de una manera u otra, es el miedo mismo.

Para el glotón compulsivo, la comida es un área donde el espíritu del miedo ha infectado su sistema nervioso en un área en particular, como un virus en una computadora biológica que cambia todas las programaciones y ocasiona un mal funcionamiento. En otros aspectos de tu vida, puedes ser competente, feliz y exitoso. Pero cuando se trata de la comida —ingrediente fundamental de una vida sana— es como si se te hubieran cruzado los cables en tu cerebro. Lo que es perjudicial puede lucir bueno; lo que es bueno puede parecer aburrido. Cuando el cerebro te informa que algo que en realidad es perjudicial te produce alivio, o el apetito físico ansía lo que el cuerpo sabe que no quiere, produce una confusión de señales tan profunda que la mente racional por sí misma no puede resolverlo.

Nuestra lección de hoy trata de la transformación milagrosa de cierta parte tuya; no a través de la negación, sino de la aceptación. La lección de hoy trata de aprender a amar esa parte tuya que no es delgada, puesto que no es nada más que producto del miedo; y el miedo, siendo la ausencia de amor, es un llamado de amor. Una parte tuya que es una manifestación de miedo no puede ser transformada a través del miedo. Los milagros solo surgen en el espíritu del amor.

La forma de transformar un mal funcionamiento es tratarlo de forma funcional. Y tu única función verdadera es amar.

Cuando te entregas por completo al espíritu del amor, cuando permites que la Mente Divina entre en las cámaras más profundas de tu corazón, cuando abres tus ojos a la oscuridad en tu interior y sales finalmente a la luz, el miedo se disuelve. Y cuando el espíritu del miedo se disuelve en tu conciencia, el amor te sana, en cuerpo y alma.

Tú eres *tú,* ya sea que comas de manera sensata o comas en exceso. Pero cuando comes de manera sensata, estás expresando amor hacia ti mismo. Cuando comes en exceso, estás expresando miedo. El amor disuelve el miedo al igual que la luz disuelve la oscuridad. Las células de grasa se disolverán *permanentemente* una vez que se disuelvan a través del poder del amor.

Cualquier reacción ante tu ser no delgado que esté basada en el miedo, solo mantiene en su lugar el exceso de peso. Si el milagro que buscas es perder el exceso de peso, entonces tu liberación consiste en aprender a amar todos los aspectos de tu ser: *incluso ése.*

Por muy ilógico que suene, es cuando aprendes a amar a tu ser no delgado que provocas que desaparezca este aspecto de ti mismo. Esa parte tuya no pidió estar aquí; no se siente cómoda aquí, fue invocada, y fue invocada por *ti.* Cuando conviertes esa parte tuya en tu aliada en vez de tu enemiga, desaparece ante la luz de tu verdadero ser. Ella es, hablando muy literalmente, una manifestación de un fantasma, un simple pensamiento retorcido al que le dio forma tu mente subconsciente. Pero ante el amor, o ante la realidad máxima, *todo eso es nada.*

¿Nada...? ¿Cómo puede ser eso? ¿Cómo puede este problema ser *nada?* Y es aquí donde yace el secreto de los milagros: el miedo no es nada ante el poder de Dios. El amor es la realidad máxima porque es divino; el miedo a fin de cuentas es irreal porque no lo es. En la presencia del amor de Dios, las ilusiones desaparecen.

El ojo físico percibe solo la realidad física, y la realidad física no es más que un sueño de la mente mortal. Tu ojo espiritual extiende tu percepción a la realidad espiritual más allá del mundo material. Y tienes el poder de atraer lo que ves más allá de este mundo. Al aprender a *ver* tu ser perfecto —sabiendo que existe porque existe en la mente de Dios— tu mundo mortal llegará a reflejarlo. Desarrollar tu ojo espiritual es la clave de tu transformación, porque al llenar tus ojos de luz, la oscuridad desaparece.

Tu problema puede manifestarse en el plano del cuerpo, pero se resolverá en el plano del espíritu. Aprender a pensar en tu problema en términos espirituales te llevará a su solución, porque liberará el poder de tu espíritu para trabajar en tu beneficio. Cuando aprendes a alinear tu mentalidad con la verdad espiritual, entras a una dimensión en donde solamente el amor puede tocarte. El miedo se convierte en inoperante y tu compulsión desaparece.

Por muy poderosa que parezca tu compulsión de comer en exceso, es impotente ante el poder de la divinidad. Las energías y las experiencias que te llevaron al desarrollo de tu relación disfuncional con la comida *no son nada ante la voluntad de Dios*. Cuando reclamas la totalidad de lo que verdaderamente eres, lo que realmente no es, simplemente se evapora.

La lección de hoy trata acerca de sanar la relación entre esa parte tuya que come de manera sensata, y la parte tuya que come de forma disfuncional. No son dos seres separados, sino más bien dos aspectos de una mente. No pueden separarse a la fuerza, solamente a través del amor.

Estas dos facetas tuyas se manifiestan como Tú Delgado y Tú No Delgado. Son diferentes energética y físicamente. Tú Delgado es hermoso, digamos según el estilo del siglo XXI, y por consiguiente tu mente consciente desea habitarlo. Tú No Delgado también es hermoso, no obstante, según un estilo antiguo. No hay nada inherente u objetivamente poco atractivo respecto a Tú No Delgado, y es importante que comprendas esto. No es que sea feo, simplemente eres tú con una capa, y preferirías quitarte esa capa.

Juzgar un aspecto tuyo como feo es abusar de ti mismo, en consecuencia, podrías responder ante tu dolor... digamos... comiendo algo. Obviamente, este conflicto te mantiene en un patrón crónico de odio hacia ti mismo y auto sabotaje que a veces mantienes bajo control, pero nunca llegas a sanar por completo. Tu deseo es quitarte la capa, no aumentarla.

El propósito de esta lección es apoyarte para que reconcilies tu relación con Tú No Delgado. No es tu enemigo; es una parte sin integrar de tu ser. Es un aspecto tuyo que exige ser visto y escuchado. Solamente cuando aprendes a amar esa parte, obtienes el poder para calmarla. "Pensé que si me ponía esta capa, sería lo suficientemente grande como para conseguir tu atención". Y debes admitirlo, lo *ha* logrado.

Es comprensible que te sientas ambivalente respecto a desarrollar una relación consciente con Tú No Delgado, pues temes que al honrarlo, le otorgues permiso de quedarse. Tu inclinación natural puede ser pensar que al aceptarlo fortaleces su presencia: ¿Cómo puede ser útil acercarse *a* algo que uno espera que se vaya? No obstante, solo aceptando esa parte, harás que se sienta impulsada a dejarte.

Es cierto que suena extraño que debamos honrar una parte de nosotros que no deseamos, pero Tú No Delgado no se irá hasta que lo escuches. No deseas su manifestación física, pero *sí* deseas escuchar el mensaje que lleva consigo. Simplemente desea que lo escuches para poder irse. Una vez que esa parte es aceptada como la parte tuya que has convertido en hábito repudiarla, se disolverá en la nada de donde provino. No te dejará hasta que no te ames. Por completo. Incluyéndola. Punto.

¿Ama más un padre a un hijo problemático que a uno que no lo es? Al aceptar a Tú No Delgado, no estás aceptando su peso; simplemente estás aceptando *esa parte tuya*. Y al aceptarla, estás aceptando la totalidad de tu ser. Como un aspecto de ti mismo, Tú No Delgado ansía más que nada ser congruente con cada parte tuya. Cuando es aceptado por lo que es, se convierte en lo que *verdaderamente* es. Emergerá en la estructura de tu ser altamente funcional, el cual, entre otras cosas, reside en tu cuerpo físico en su peso ideal.

Parte de tu conflicto interno es que mientras tu mente consciente siente cierto desprecio hacia Tú No Delgado, tu mente subconsciente se siente muy a gusto con él. A un nivel subconsciente, puede ser que te sientas más a gusto con un cuerpo más grande. Hay algo que te *permites* cuando te estás manifestando como Tú No Delgado. En algunos momentos, esa parte tuya se siente como que es más "real". Conscientemente, sientes como que Tú Delgado es el tú *real*, mientras que Tú No Delgado es el impostor, pero *subconscientemente,* sientes que el Tú No Delgado es el real y el *Tú Delgado* es el impostor.

Lo que todos anhelamos experimentar es amor, y has llegado a experimentar el hecho de comer como un acto de amor hacia ti, aunque comas de forma irracional. Incluso cuando comes en exceso —un acto que en el fondo sabes que no es *verdaderamente* una expresión de amor hacia ti, dado su carácter inherentemente autodestructivo— te sientes nutrido emocionalmente aunque sea por solo un momento. Un esfuerzo subconsciente de amarte a ti mismo se convierte en un acto de odio hacia ti mismo. A medida que te transformas aprendiendo a alimentarte de amor por el mismo amor, dejarás de buscar en la comida lo que no puede alimentarte.

Aprenderás nuevos hábitos. Cuando estés a punto de poner algo en tu boca que sabes que no es sano, ya sea en cantidad o calidad, te amarás demasiado para seguir haciéndolo: te detendrás, respirarás profundo y sentirás a cambio el amor entrar en tu boca. El amor viajará a través de tu garganta y entrará en cada célula de tu ser, sanando tu cuerpo y regresándolo a su orden perfecto y divino. Este proceso reducirá tu estómago construyendo y reparando tu sistema de apetitos físicos.

Hoy comenzarás una nueva relación con una parte tuya que habías mantenido alejada de tu corazón. Pues al mantenerla *alejada* de tu corazón, la has mantenido *en* tu cuerpo. Hasta que no hagas esto, seguirás con lo que años de hábitos te han enseñado a hacer ante la presencia de un conflicto: buscar comida, así como otra persona buscaría una bebida alcohólica o una droga.

Tu dolor se agrava ante el hecho de que otras adicciones pueden mantenerse secretas, por lo menos durante un periodo de tiempo. La tuya no se puede, lo cual incrementa el desprecio que sientes hacia ti mismo, lo cual incrementa tu conflicto, lo cual incrementa tu impulso de comer, lo cual incrementa tu peso, lo cual incrementa tu sufrimiento... hasta que Dios entra en juego.

Esta lección establece una conexión honorable y digna con un aspecto tuyo en particular, Tú No Delgado, basada no en disgusto si no en aprecio. A medida que construyes esta relación reintegrando un aspecto tuyo que claramente no puede ser negado, recuperas tu autoridad igual que tu propia soberanía. No puedes entender lo que no amas. Y no puedes negociar con lo que no entiendes.

Aprender a amar a Tú No Delgado, llevándolo de regreso a tu círculo de la compasión, recupera el dominio de tu vida. El amor armonizará tu reino interno. Este aspecto tuyo solamente luce así de grande porque siente que no le estás prestando atención y está intentando decirte algo. No desaparecerá hasta que sea aceptado por lo que es. Una vez que es aceptado de nuevo en tu corazón, responderá automáticamente a tu deseo de manifestarse de forma diferente.

Metafísicamente, esto se denomina *cambio de forma*. Tu meta no es *sacarlo* sino *dejarlo entrar.* En este punto, al haber sido reintegrado físicamente en tu espíritu, ya no tendrá necesidad en absoluto de manifestarse físicamente.

Reflexión y oración

Si estás enojado con alguien, es muy difícil decir tan solo: "Te amo, te amo", y ya, todo queda perdonado. Algunas veces tienes que expresar tu enojo con la persona antes de poder perdonarla. ¿Cómo puedes llegar a amar a Tú No Delgado cuando en alguna parte de tu corazón probablemente lo odias?

Un curso de milagros dice que los milagros nacen de la comunicación total entregada y recibida. No tiene sentido pretender que es *fácil* amar a Tú No Delgado, teniendo en cuenta todo el dolor, la vergüenza, la fatiga y el odio hacia ti mismo que te ha causado. Puedes entender intelectualmente que esa parte es una manifestación de tu mente, pero eso solo no hace que se vaya.

Lo que vas hacer es iniciar un diálogo con Tú No Delgado basado en la honestidad y la transparencia. Una parte tuya se ha disociado de otra parte tuya. Esta disociación ha producido una profunda disfunción, pues una parte tuya actúa en contra de los intereses de la otra. Es hora de integrar esas diferentes partes, con el fin de terminar una batalla que se ha estado librando en tu interior. Es hora de escribir un par de cartas. Es hora de comenzar las negociaciones de paz.

Una vez que le has pedido a la Mente Divina que guíe tu proceso, entras en un espacio de relajación. Ahora con tu ojo interno, observa a Tú No Delgado de pie, frente a ti. Comienza un diálogo con él. Abre tu corazón y permite que se desarrolle un proceso de comunicación entre esos dos aspectos de tu ser.

Tu labor consiste en compartir tu verdad... de expresarle a Tú No Delgado cómo te sientes realmente..., cómo sientes que él ha arruinado tu felicidad..., incluso lo mucho que lo odias, si es el caso. Incluye frases como: "Te odio, quiero que salgas de mi vida". Esta carta solo es para tus ojos, pero es importante que la escribas. No estás escribiendo estas cosas con el fin de atacar a Tú No Delgado, sino simplemente para comunicarte con él..., para comenzar un diálogo que permita que abandones las ideas que ya están ahí, pero que al haber sido inexploradas permanecen como toxinas en tu sistema.

Aunque el punto no es odiar a Tú No Delgado, no puedes llegar a amarlo sin primero reconocer lo que se interpone entre los dos. Una vez que le has expresado tu verdad a Tú No Delgado y le has permitido que responda, aprenderás una verdad muy importante: esa parte tuya no representa tus ansias de comida; representa tus ansias de amor.

Igual que cuando escribiste los asuntos referentes a los ladrillos del muro, aquí tampoco debes apresurar este proceso ni dejar nada fuera. Expresa la verdad, toda la verdad, y nada más que la verdad.

A continuación, encontramos una carta de cómo una mujer llamada Beatriz se comunicó con su parte no delgada:

> *Querido trasero gordo:*
> *Yo sé que tus protuberancias y tus masas son apenas un recordatorio de las ubicaciones de dónde has estado, de las cosas que en el pasado estuvieron fuera de tu control. Recuerdos de la época en que le ocurrían cosas malas a las niñas. Todo este tipo de cosas. La historia. Los eventos. Pero ahora, tú eres el Evento. Gordita: él ya no tiene control sobre lo que te ocurre a ti. La pizza con doble queso*

y los nachos ya no son el enfoque. Tú estás aquí. Puedes celebrar la fiereza que nació conmigo, Tú Delgada, hace mucho tiempo, cuando te le enfrentaste y le escupiste en su cara. Con sostenes bonitos y que te levantan el busto, el milagro de una minifalda que lleva colgada en tu armario desde 1992, con los paseos en bicicleta y las excursiones en las montañas y los largos ratos nadando en el mar. No yendo cada hora al refrigerador para ver lo que podía contentar a la Tú Gordita en medio de la noche; él ya no vendrá a buscarte. Hace muchos años que te aseguraste de eso. Lo logramos juntas.

¡Deja el tenedor y comienza la batalla!

¡Deja la hamburguesa con queso y vete de paseo por el precioso Hollywood! Camina por sus calles y escucha tu música, deja que Bob Dylan te diga cómo son las cosas, ¡escucha a Bono y mira cómo se reducen tus caderas! ¡Aquí estoy! ¡Te estoy esperando! Gordita, este asunto ya me está molestando. Las llantas pertenecen a tu carro, no a tu cintura. ¿Cómo puede tu espíritu sentirse digno si te sobran más de 20 kilos? ¿Cómo puedes bailar con ritmo si no soportas más de dos horas en zapatos de tacones?

No estoy enojada contigo. Solo estoy impaciente. Quiero que lleves una vida plena, sin tener que disculparte, con la cabeza en alto y con una sola barbilla. La guerrera que has buscado por tanto tiempo está aquí mismo, en tu interior. Yo soy ella. Yo soy tú. Déjame tomar el mando. Yo soy más fuerte de lo que él jamás fue. Y soy más fuerte que tú.

Dile "sí" a los veranos en bikini y a una vida larga y radiante.

Dile "no" a la pasta y a los pasteles. O, quizá... solo toma un bocado.

Con amor, hoy y siempre, gorda o talla 2, ¡pero reacciona ya!

Beatriz, la cabrona delgada

Una vez que termines tu carta a Tú No Delgado, permite que te escriba de vuelta. Permítele que te diga lo que *esa parte* desea decirte. Tu mente subconsciente te estará entregando el mensaje que necesitas escuchar y las imágenes que debes ver. Escucha profundamente y escribe lo que sientes que es su verdad. Está ahí.

Beatriz continúa:

Querida Flaca:
Vete a la mismísima m...
Mira, hermana, no es fácil. Es una proeza diaria tratar de meter 90 kilos en unos jeans que apenas cierran. Yo sé las respuestas. Y me está costando mucho trabajo, ¿entiendes? Sé que en realidad no soy un elefante. Sin este horrible millón de kilos en exceso, producto de la tristeza y el miedo, todos acumulados sin miramientos en mi trasero, mis muslos y mi barriga, en realidad, soy una yogui acróbata. Una flor de loto suspendida a un metro del piso haciendo piruetas, mientras al mismo tiempo logró lidiar con las cuentas, las compras del supermercado, las cuotas del carro y la vida.

Lo que ocurre es que en este momento soy una yogui muy robusta, atascada en el Planeta Tierra, en zapatos planos. Las maromas son solo un sueño distante. Pero... te escucho. Yo sé que él ya se ha ido. Solamente me está tomando un minuto (desde hace 30 años) entenderlo por completo, saber que su rostro no es el rostro de cada hombre que conozco, que no necesito recrearlo, que una vez fue (más que) suficiente.

Esta celulitis es mi barrera de protección, mi escudo invisible, mi póliza de seguros. Trasero gordo = no me pueden herir. No poder ponerme un hermoso vestido y bailar como una reina, significa que ningún imbécil tendrá la oportunidad de involucrarse con este bello desastre y causar otro huracán, otro tornado, otra erupción volcánica.

Sola en mi cama con Luda, el perro más fantástico que haya existido + una pizza grande con salchicha y queso extra = todo tranquilo. Hermosa y sexy significa vulnerable ante el dolor de ser herida.

Óyeme, delgada superhéroe. Dame un minuto. Ahí voy. Ya encontré un estudio de yoga y hay aguacates en el refrigerador. El sol está brillando hoy y tengo cosas que hacer. Estoy soñando con hacer cien abdominales y con esa hermosa camiseta de tirantes con flores.

Cuenta conmigo, ¿sí?

Caray, eres una patada en el gigantesco trasero.

Pero te amo por estar siempre conmigo y dentro de mí.

En solidaridad de espíritu y no de la circunferencia de mis muslos,

Tu Gorda

No subestimes el poder de escribir estas cartas. Construir esta relación entre Tú No Delgado y Tú Delgado es el comienzo de la reconciliación con una parte tuya que está de este lado y no del otro lado de las puertas de tu castillo.

Querido Dios:
Por favor, perdóname
si he dejado de amar
cada parte de tu creación.
Abre mis ojos para que pueda ver,
ablanda mi corazón para que pueda amar,
abre mi mente para que pueda comprender
cada aspecto de mi ser.
Sana mi relación
con todo mi ser,
para que deje de sufrir
tanta violencia hacia mí mismo.
Por favor ayúdame, porque yo solo no puedo ganar esta batalla.
Por favor, sácame del campo de batalla
y llévame a la paz que yace más allá.
Gracias, Señor.
Amén

CONSTRUYE TU ALTAR

En Alcohólicos Anónimos hablan de un Poder Superior, de Dios *tal como lo entiendas*. Y esto es perfecto para nuestro propósito. No importa cómo lo llames, siempre y cuando lo invoques. Lo que importa no es un nombre, una palabra, una doctrina ni un dogma religioso. Lo que importa es un principio espiritual que se convierte en una realidad viviente, que afecta tanto tu cuerpo como tu alma: un poder mayor que la mente mortal, en ti, pero que no proviene de ti, puede hacer por ti lo que tú no puedes hacer solo.

Considera lo que eso significa para ti. Puede ser buena idea llevar un diario para escribir tus pensamientos, tomarte un minuto para reflexionar en tus creencias espirituales o hablar con tus amigos o consejeros respecto a tus ideas. Este curso no trata tanto de tu relación con la comida como trata de tu relación con tu Creador. Sanando tu relación con Él, sanas tu relación contigo mismo; sanando tu relación contigo mismo, sanas tu relación con todo.

Nuestra meta es que te ocurra un milagro. Pero un milagro proviene de algún lado, no surge de tu mente mortal sino de la Mente de Dios. Para el propósito de estas 21 lecciones, será útil considerar la posibilidad de que la Mente Divina puede sanarte milagrosamente. Eso es lo único que tienes que hacer: estar dispuesto a considerar la posibilidad de que esto sea cierto. Al abrir tu mente a la posibilidad de un milagro, pavimentas el camino para experimentarlo.

Has intentado muchos métodos para terminar con tu situación infernal con la comida, desde varios programas de comidas hasta ejercicios, ayunos y quién sabe cuántas otras cosas. Ahora te propongo que trates algo que puedes o no haber tratado antes. Te sugiero que plantes una semilla de mostaza y que permitas que la fortaleza de Dios crezca en tu interior. "El reino de los cielos es como un grano de mostaza que un hombre sembró en su campo. Aunque es la más pequeña de todas las semillas, cuando crece es la más grande de las hortalizas y se convierte en árbol" (Mateo 13:31–32).

Te sugiero que aceptes este hecho: no puedes superar este problema por ti mismo. No puedes detenerte. No tienes control sobre eso. Es más grande que tú. Si hubieras podido hacerlo por ti mismo, ya lo habrías hecho.

Tu libertad radica en *aceptar* aquello que más te atemoriza: eres impotente para detener este problema, para combatirlo o para arreglarlo. Tu compulsión de comer en exceso es más fuerte que tú..., estás tan cansado de librar esta batalla contra ti mismo que una parte tuya prefiere morir que seguir adelante.

Ahora es el momento de abandonar la lucha.

¿Cómo te sientes al respecto? ¿Aliviado o nervioso? "¿Qué? ¿Abandonar la lucha? O sea, ¿darme por vencido?", podrías decir. "¿Estás loca? ¿Cómo puedo darme por vencido? Si me doy por vencido, ¡ahí sí que me volveré completamente obeso! ¡Incluso puedo morir! ¡Perderé por completo el control!".

Pero, ¿no has perdido el control ya? ¿Exactamente, qué parte tuya te guiaría para que *sigas* con la lucha? Esa voz que parece hablarte con tanta preocupación y sabiduría, advirtiéndote para que sigas luchando, ¿es un poder que te ha mostrado una efectiva solución al problema? Y si de hecho, no lo ha logrado, ¿no crees que es hora de que la despidas como guía?

Tu salvación en esta área radica, no en resistir la verdad de tu impotencia ante la comida, sino más bien en aceptarla. Pues esta aceptación te llevará directamente a los brazos de Dios, sea cual sea tu noción de Él o sea cual sea la forma en que Lo entiendas. Comprendes, una vez que aceptas que el problema es más grande que tú, que quizá hay algo más grande que *eso*.

Ahora mismo estás en una de las encrucijadas más importantes de tu vida, pues un problema con el que has lidiado durante mucho tiempo ha llegado a su clímax. Quizá te sientes arrinconado, sientes que has tratado todo y ya no te quedan fuerzas. Al haber dependido de tu propia fortaleza para sanarte, terminaste exactamente de vuelta en medio de la llaga. Sientes que te has hecho tú mismo un jaque mate y has sido doblegado por tu propio ego. Todos tus esfuerzos han sido inútiles al enfrentarte con el poder demoníaco de tu compulsión a comer en exceso.

No obstante, exactamente la misma situación que te ha hecho daño ahora puede convertirse en tu sanación, si le permites que te lleve a lo profundo del misterio de la dependencia del alma en la Divinidad. No olvides que aunque tu herida es más poderosa que tu mente consciente, Dios es más poderoso que tu herida.

¡No puedo, pero Dios puede! ¡No puedo, pero Dios puede! se convierte en tu mantra. Y al comprender que el poder de tu ser mortal es pequeño, cuando se compara con el poder de Dios, ya no necesitas "inflarte" en un esfuerzo para hacerte lo "suficientemente grande" para lidiar con tus problemas. De hecho, descubres el poder de la verdadera humildad, sometiéndote a un poder más grande que el tuyo. Dios es lo suficientemente grande para lidiar con tus problemas: *tú no tienes que serlo.*

Puedes sentir casi como un insulto personal cuando al principio ves que tu parte para hacer que tu vida funcione en calma es tan pequeña comparada con la Suya. No obstante, ésa es exactamente la relación correcta entre el poder mortal y el divino. Con el fin de terminar tu reinado de terror, de comer compulsivamente, necesitas un poder que penetre verdaderamente en tu cerebro, cambie tu sistema nervioso, cambie tus patrones y hábitos, cambie tu imagen de ti mismo, cambie tus ideas respecto a la comida, cambie tus ideas respecto a tu cuerpo; y una serie de otros factores físicos, emocionales y psicológicos.

¿Qué poder terrenal podría lograr un cambio tan rotundo? Cuando aceptas la posibilidad de que puede existir otro camino —de que quizá *podría* ocurrir un milagro— permites que tu mente experimente un milagro. Te produce alivio reconocer algo que siempre sospechaste, pero sentías terror de admitir: que no tienes lo que hace falta para perder peso para siempre. Tú no, pero Dios sí.

Cuando le permites a Dios su grandeza, te permites reducirte físicamente. Comienzas a deshacerte de tus cargas cuando recuerdas que hay alguien a quien se las puedes entregar.

El peso de tu cuerpo no es nada comparado con el peso en tu corazón...: la tristeza, la vergüenza, la desesperanza, el agotamiento. Sin embargo, imagínate, siquiera por un momento, que existe una fuerza en el universo que puede hacerse cargo de tu dolor, de tu vergüenza y de todo lo demás, y sencillamente quitarlo de tus hombros. Estás cargando un peso que no se supone que cargues *ni tienes que cargar.* Tu peso es una carga que ahora puedes entregar. Fuiste creado para viajar ligero en este planeta, con el mismo sentido de alegría relajada que tienen los niños. Tan pronto aligeras tu mente, tu cuerpo también se aligera.

Un niño pequeño que vive en un ambiente normal y sano se siente libre y relajado porque asume que un adulto se está haciendo cargo de sus necesidades. Se supone que esto sea un modelo para el desarrollo de nuestra sana relación con la Divinidad. Se supone que confíes en el universo como un niño confía en un adulto. Sin embargo, *si* cuando niño llegaste a sentir que tus figuras adultas de autoridad *no* eran confiables, te ha costado más trabajo hacer la transición hacia una dependencia sana de la máxima naturaleza de la realidad. Piensas que estás solo y tienes que lograr todo por ti mismo. Con razón te sientes pesado...

En consecuencia, has tenido dificultades procesando tus emociones. No trabajas a través de ellas; te aferras a ellas. Tratas de atiborrarlas. Surgen los problemas, tanto conscientes como inconscientes, y en vez de desistir de ellos, *los interiorizas*. Subconscientemente, agrandas una talla a tu cuerpo con el fin de contener tus grandes problemas. Tratas de crear un empaque más grande para cargar todos sus asuntos, cuando, para empezar, ¡ni siquiera tendrías que estar llevándolos a cuestas!

Quizá eres del tipo que siente la necesidad de sabotearse cuando las cosas comienzan a salir demasiado bien. Quizá has tomado la decisión subconsciente de que solo deberías permitirte *cierta* cantidad de éxito, o *cierta* cantidad de dinero, o *cierta* cantidad de belleza física o felicidad. Y ¿por qué? Puede haber muchas razones: quizá creciste temiendo romper barreras que tus padres no lograron romper, o sentías vergüenza de tener éxito donde otros no lo lograban, o te preocupaba perder la aprobación o el amor de alguien si te atrevías a vivir la vida que realmente deseabas.

No importa la razón por la cual existe tu propia barrera invisible, ese punto tras el que tu alarma subconsciente comienza a sonar: "¡Ajá! ¡Demasiado bueno! ¡Demasiado bueno! ¡No sigas! ¡Regresa!". Algo así como...: *regresa a esa condición limitada a la que perteneces. No te atrevas a liberarte. Si rompes esa barrera, ¡se va a armar la gorda!* Pero frente a esa barrera es dónde en realidad ya se ha armado la gorda...

La urgencia abrumadora de comer en exceso refleja la barrera oculta que has erigido en tu mente; ahora estás invitado a cruzar esa barrera y a salir corriendo en busca de tu libertad. Imagínate a Dios mismo, de cualquier forma que se aparezca ante ti, caminando hacia la barrera y derrumbándola. Es la barrera misma la raíz de tu problema. No es suficiente controlar tu apetito; la verdadera sanación involucra disolver la barrera eliminando las falsas ideas que te han mantenido encadenado.

Pidámosle ahora a Dios que te libere de las limitaciones mentales que existen en tu interior en forma de pequeños y mezquinos tiranos. No hay forma de entregar todo tu peso, sin entregar tu creencia subconsciente de que estás mejor cuando pesas mucho. Si en tu subconsciente estás convencido de que tener peso de sobra es una zona *más segura* que la de estar delgado, entonces, por supuesto, tu instinto primario de protegerte se asegurará de que permanezcas con ese peso de sobra. Sentirás una necesidad subconsciente de sabotear lo que es mejor para ti.

Algunas veces nos sentimos tentados a restringir o a tapar lo que es bueno para nosotros, pues tememos que al destapar la olla sea demasiado caótico, un proceso demasiado fuera de control. Pero la vida que llevamos a instancias de nuestros mecanismos de control —ya sea que lo expresemos a través de una urgencia obsesiva de comer o un rechazo obsesivo a la comida— es precisamente la vida que está fuera de control. Al intentar suprimir tus sentimientos, tu belleza, tus éxitos, tu *fuerza vital,* estás restringiendo la vida misma. Y no puedes hacer esto. No importa lo mucho que trates de abortar el proceso, la vida sigue. Se desarrollará hermosamente, o se desarrollará menos hermosamente. Pero se desarrollará.

Y esto es algo bueno. Pues toda esa energía vital que viene a ti no es una amenaza, sino un regalo; no es una maldición, sino una bendición. Tu alternativa para intentar restringir lo que no puede ser restringido de ninguna manera, es *permitirlo,* permaneciendo ante las bondades de la vida no buscando restringirlas, sino más bien disfrutando de sus delicias. Las delicias más intensas que estás buscando no se encuentran en la comida, sino más bien en vivir la vida a plenitud. No resistas el flujo de la vida; relájate en ella, y maravíllate ante el milagro que se revela siempre ante ti: la vida misma. Dios sabe cómo ser Dios, y te lo demostrará —si se lo permites— la magnificencia de la creación manifestándose en ti y a través de ti.

Espiritualmente, desear perder peso no es un deseo de reducirte, sino más bien un deseo de llegar a ser *más* como tu ser *verdadero.* Y recuerdas quién eres verdaderamente cuando recuerdas Quien te creó. Restableciendo tu relación correcta con tu Fuente, restableces tu relación correcta contigo mismo: en tu mente *y* en tu cuerpo. Eres un ser creado por amor y te sientes en casa en el amor. Tu deseo más profundo no es la comida, sino la experiencia del hogar. Tu deseo más profundo no es la comida, sino el amor.

El amor es el creador y el orden del universo. Subestimamos enormemente la ruptura sísmica causada por la más ligera desviación del amor. Cada momento en que comes de forma inconsciente es un momento en que padeces la carencia de un amor propio sano y estás luchando por encontrarlo en otra parte. Así como el niño recibe de su madre el alimento cuando está en su vientre, así recibimos nosotros nuestro verdadero alimento directamente de la Divinidad. Al restablecer tu relación con tu Fuente Divina, recibes de nuevo el alimento divino. Cuando reparas tu conexión con el amor, liberas tu compulsión de buscar amor en una fuente que solo te produce odio hacia ti mismo.

Te enseñaron que fueras independiente, y por supuesto esto es algo muy bueno. Pero depender de Dios no es abdicar a tu responsabilidad; es el acto máximo de responsabilidad. No te hace menos poderoso reconocer un Poder Supremo; te hace *más* poderoso, porque te da acceso al poder de la fe.

La fe es un aspecto de la conciencia; no existe una persona sin fe. Ahora mismo, tienes muchísima fe...; fe en que comerás demasiado, no importa lo que hagas. Fe en que jamás perderás peso para siempre. Fe en que comer demasiado es tu único verdadero amigo, aunque tú sabes que es todo menos un amigo. La verdadera pregunta es: ¿Tienes más fe en el poder de tu problema o en el poder de un milagro para resolverlo?

Tratemos ahora de ajustar un poco tu fe. Cree, aunque sea por un momento, que Dios hará un milagro en tu vida. Intenta tener fe en *eso*. Alejará de ti tus deseos inapropiados y excesivos de comida; eliminará tus falsos apetitos y regresará tu cuerpo a su sabiduría natural; restaurará tu vida a su propósito y alegría. Y si no puedes hacer eso, si no puedes invocar la fe necesaria, entonces, aunque sea por un momento, apóyate en la mía.

El problema no es que no somos creyentes; la mayoría de nosotros lo somos. El problema es que muy a menudo mantenemos nuestras "creencias" e incluso nuestra "fe" separadas del resto de nuestras vidas. Como si la espiritualidad estuviera en una esquina de la vida, como si no tuviera nada que ver con nuestros cuerpos, relaciones, vidas laborales o cualquier otra preocupación práctica.

"Dios tiene suficiente en qué pensar", dice a menudo la gente, como si no debiéramos molestarlo con nuestros problemas triviales. Pero no hay un solo lugar en el universo que no esté lleno, impregnado, penetrado o estimulado por la Divinidad. Tu Creador no puede quedarse *fuera*, excepto en tu mente. Y dondequiera que lo dejes fuera de tu mente, Él no te puede ayudar. Permítele que te ayude a perder peso, y Él lo hará.

En este punto, es muy probable que tu miedo mental comience a desacreditar estas lecciones. Al comer demasiado, el miedo ha encontrado en ti un hogar perversamente cómodo y no va a dejar su casa tan fácilmente. Con cada paso que des hacia delante, te va a tentar para que retrocedas: "Estas son puras insensateces". "No puede funcionar". "Dios no tiene nada que ver con tu peso". Este es el tipo de armamento que tu miedo usará para asegurarse de que no importa qué otra cosa hagas, no le darás la más mínima oportunidad a este curso.

Pues algo en tu mente ha comenzado a expandirse, y el espíritu del miedo *no lo aceptará de ninguna manera*. "Oye, ¡para!". Dirá el miedo. O "esto es una pérdida de tiempo". O la salida pseudo intelectual: "¡La fe no es *racional!*". Pues bien, tampoco lo es una aceptación amorosa, pero nadie dudaría de su poder.

El miedo es un tirano psíquico que no tiene la intención de dejar libre a su esclavo. Te dirá lo que sea necesario para confundir tus ideas y pervertir tus apetitos. Buscará siempre preservarse; no importa si eres espiritual o religioso siempre y cuando *no practiques demasiado en tu vida*. No importa si vas a la iglesia, siempre y cuando estés *gordo* y vayas a la iglesia. Debes hacer lo que te dice, cómo y cuándo te lo dice. Y nada, ni siquiera la mejor de tus intenciones, fuerza de voluntad ni autodisciplina, tienen el poder de imponerse a su autoridad. Solo Dios lo hace.

Incrementemos tu fe en *eso*.

La tarea de esta lección es construir un altar a la Divinidad. Construirás un altar espiritual en tu corazón y un altar físico en tu casa.

El miedo ya tiene un altar: tu cocina. Tiene gabinetes y un refrigerador, cajones llenos de envases de comida, tenedores, cuchillos y cucharas. Tiene todas esas cosas, además de repisas, un lavaplatos y más. Es el cuartel general de muchos de tus miedos.

Establezcamos ahora otro cuartel general: el cuartel general del amor.

Con esta lección, tu tarea es crear un lugar en tu casa para recordarte que el amor, *no el miedo,* es el verdadero poder en tu vida. Cada vez que visites tu altar, se fortalecerá el poder del amor en tu mente. Y cuanto más tu mente se llene de amor, más se llenará tu vida de milagros.

Mira a tu alrededor y considera qué lugar de tu casa sería el ideal para construir tu altar. Tu altar debe celebrar y apoyar el poder del amor divino. A su lado debe haber una silla donde puedas leer material que te inspire, orar y meditar. Debe incluir la superficie sobre la cual puedas colocar objetos hermosos o significativos que te recuerden a tu espíritu. Este libro, por supuesto..., fotos, libros sagrados, estatuas, flores frescas, rosarios, objetos sagrados...: son todos ejemplos de artículos apropiados que puedes colocar sobre tu altar. Mientras avances en este curso —y de hecho, a lo largo de la jornada de toda tu vida— es buena idea que tu altar sea una expresión continua de tu devoción hacia Dios. Este espacio dedicado te recuerda postrarte ante el amor y solo ante el amor. Y cada vez que escribas en tu diario, debes regresarlo a tu altar.

"Ama al señor tu Dios con todo tu corazón, con toda tu alma, con todas tus fuerzas" es el primer mandamiento..., y, ¿por qué? Porque es la clave para vivir bien. Debemos enfocarnos en la voluntad divina porque si no lo hacemos nuestro enfoque será sobre otra cosa. Esa otra cosa puede ser: neurosis, patología, compulsión y miedo. Al separarnos de los pensamientos de amor, ciegos ante la única fuente de nuestra bondad, buscamos el amor en los lugares equivocados. *Eso* es idolatría. Comer se ha convertido en un falso ídolo para ti.

En un día dado, cuando sientas ansias, cuando te sientas fuertemente atraído a la danza ritualista de odio hacia ti mismo, que es en verdad comer en exceso, tendrás más poder para resistirlo si ese día ya has experimentado el poder de tu altar..., si has orado y le has dado gracias a Dios. Pues al haberte inclinado ante el poder de la divinidad, estarás mucho menos tentado a inclinarte ante el poder de tu compulsión de comer en exceso.

Una vez que comienzas a construir tu altar al amor, comienzas a derrumbar tu altar al miedo. Primero, vamos a tu cocina y oremos para que sea un hogar de amor y solo amor.

Querido Dios:
Te dedico esta habitación.
Que solo el amor prevalezca aquí.
Que el miedo ya no tenga poder
en mi corazón, en mi cuerpo ni en mi casa.
Amén

Existe también una tradición de los indios norteamericanos llamada "sahumerio" que podrías encontrar útil. Debes tomar un poco de salvia y quemarla en una vasija, en este caso, en tu cocina. Unido a la oración, este ritual de hierbas ayudará a purificar tus apetitos disfuncionales. Purificarán la habitación de energías compulsivas que todavía quedan en el aire, residuos psíquicos de aquel que solía inclinarse como un esclavo ante el altar del miedo. *Tú ya no eres esa persona.* Aunque el fantasma de quien solías ser pueda aparecer para espantarte, no dejes que esto te atemorice. Ya has recordado lo que es sagrado, y lo que no es sagrado ya no puede hacerte daño.

Te sugiero que saques de tu cocina todas las comidas demasiado provocativas, pues todavía pueden perjudicarte mientras no tienes la voluntad para resistir la tentación. Si te pasa por la cabeza la idea de que estás desperdiciando comida que cuesta dinero real, recuerda que demasiada comida malsana puede, de hecho, costarte la vida. Llena más bien tu cocina de alimentos nutritivos de diversos colores; pídeles a tus parientes y amigos que te ayuden en este proceso, si necesitas su apoyo. Deshazte de todo lo malsano, y haz que tu cocina se convierta en un lugar sagrado.

Regresando a tu nuevo altar —tu altar al poder del amor— permítete, cuando estés sentado frente a él, llenarte de las energías del espíritu. Leer, escuchar música, escribir cartas, ver fotos..., cualquier cosa que te ayude a construir las formas de pensamientos y los sentimientos de una vida más hermosa. Incluso libros sobre comida, siempre y cuando hablen de alimentación sana y saludable.

Puedes aprovechar la oportunidad para expandir tu lectura y leer unos poderosos principios: los 12 Pasos de los Comedores Compulsivos Anónimos (OA por sus siglas en inglés). Ya seas adicto o comedor compulsivo —el cual, aunque no es adicto a una comida en específico, es incapaz de controlar el deseo de comer en exceso— estos principios conllevan una sabiduría universal que ha salvado las vidas de millones de personas.

Los pasos son adagios universales que le llegan a cualquier persona que esté lidiando con una adicción, los primeros tres encapsulan el significado de la entrega total espiritual: como adicto, debes admitir que eres impotente ante tu problema, que solo Dios es lo suficientemente poderoso como para restaurarte a la cordura, y que como adicto, debes poner en manos de Dios tu voluntad y tu vida, de cualquier forma que lo concibas.

La adicción representa un lugar donde nuestra cordura ha sido abolida. No importa lo que hagas —no importa qué tanta dieta ni ejercicio hagas— mientras exista ese lugar en tu mente donde tu cordura se apaga como si tuviera un interruptor, incluso tus más grandes esfuerzos serán en vano. Esto hace que tu vida sea incontrolable. Es como si hubiera un lugar donde siempre te vuelves impotente, no importa lo poderoso que puedas sentirte en otros aspectos.

Solamente tú puedes decir si eres adicto. La adicción es más que una compulsión: requiere abstinencia de artículos en particular (por lo menos temporalmente), ya sea que estén hechos de azúcar, harina blanca, carbohidratos refinados; o comidas específicas que te provocan un atracón. Hacer las paces con la idea de que eres un adicto es algo muy importante y debe tratarse con el respeto apropiado. Respeto por el dolor que ya te has causado. Respeto por la desilusión que sientes al saber que debes abstenerte de ciertas sustancias con el fin de liberarte. Respeto por el dolor que sientes ahora, mientras te permites abrirte a las muchas ideas y emociones que solo ahora comienzan a surgir.

Esta no es una jornada que debes tomar solo. Quizá tienes un grupo de amigos con tu misma mentalidad que han sufrido lo que tú has sufrido y con quienes puedes compartir el dolor y el poder de esta jornada. Una jornada solitaria solamente le dará más poder al miedo, mientras que si tomas este camino con otros, esto le dará el poder y la bendición del amor. Si te sientes atraído por este curso y deseas llevarlo a cabo de una manera más profunda, quizá tienes amigos que quisieran practicar contigo las lecciones. Conectarte profundamente con otras personas *es* conectarte con la Divinidad.

Solo la Divinidad es más poderosa que el miedo, convirtiendo en impotente aquello que te ha convertido a *ti* en impotente. Solo la Mente Divina puede restaurarte a tu mente correcta. Toda idea de que tú mismo puedes lidiar con tu adicción, superarla o eliminarla, es una idea que con el tiempo solo te llevará de regreso a tu conducta demente.

Ésa es la razón por la cual el mensaje aquí, no es: "No pienses mucho en comida". El mensaje es: "Piensa más en Dios". Por medio de un cambio radical y poderoso en tu relación con Dios, tu relación con la comida también comenzará a cambiar. Pero entregarle tu vida a la divinidad es más que algo que haces de vez en cuando. Es una voluntad a toda prueba de abandonar todo: toda idea, todo patrón y todo deseo que impida que el amor entre en ti y se extienda a través tuyo. No es suficiente transformar algunos de tus pensamientos, ni siquiera tu cuerpo. Te liberarás y permanecerás libre, solo si estás dispuesto a transformar tu vida.

Ahora comenzarás a ver cómo las situaciones problemáticas, que tienen poco o nada que ver con la comida, sí tienen *todo* que ver con la comida, si representan bloqueos para el amor. Es un cambio sutil pero poderoso de "entrego esta situación o aquella en las manos de Dios", a cómo dicen en Alcohólicos Anónimos: "Entrego *mi vida y mi voluntad* en manos de Dios". A menos que entregues toda tu vida, y no solo comer en exceso, tu compulsión encontrará siempre terreno fértil en dónde regenerarse.

El miedo es como un ladrón con paciencia infinita, dando vueltas casualmente alrededor de tu casa en la creencia de que finalmente serás lo suficientemente descuidado para dejar una de las puertas sin cerrar. Se oculta y simplemente espera. "Está bien. Qué importa si has estado comiendo sano y haciendo ejercicio durante el último mes. Aquí te espero hasta que te estreses lo suficiente con alguna situación en tu trabajo, y entonces pondré un poco de azúcar frente a ti mientras estés pasando por eso". Es así de sagaz, así de insidioso y así de vicioso. Tu misión es colocar suficientes ángeles alrededor de tu casa para que el ladrón no pueda entrar.

Reflexión y oración

Cierra tus ojos, visualiza tu cuerpo impregnado de luz. Cada célula se llena de un elixir dorado vertido por la Mente Divina. Los ángeles te rodean mientras te permites liberarte por completo en el reino de la Divinidad.

Mantén esta imagen por lo menos durante cinco minutos. Exhala tus cargas e inhala el poder milagroso del amor. Observa la luz impregnando tu cuerpo. Continúa con esta visualización, usándola cada vez que ocurre un problema.

El punto es no solamente entregarle tu *peso* a Dios, sino entregarle *todo*. Y *todo* incluye tu cuerpo. Durante un mínimo de cinco minutos, permite que la Mente Divina tenga acceso pleno y total a tu ser físico. Las imágenes que surgen de esta experiencia son el comienzo de un proceso por medio del cual el miedo que tiene aferradas las imágenes de tu cuerpo terminará fundamentalmente, y en última instancia, siendo desmantelado de manera permanente.

Cuando camines hacia la cocina, visualiza a Dios caminando contigo. Cuando des un bocado, entrégaselo a Él. Incluso si comes demasiado, entrégale por completo la experiencia al Espíritu mientras lo haces: "Querido Dios, te entrego por completo esta experiencia. Amén". No luches contigo. Simplemente aférrate a Dios.

Dios no es tu juez, sino tu sanador. No es que Él no se haya dado cuenta de tus patrones ni de tu sufrimiento. Simplemente, ha estado esperando el día en que lo invites a entrar y hacer lo que solamente Él puede hacer.

Querido Dios:
Mis ojos se han abierto a la naturaleza de mi enfermedad.
Soy impotente ante la comida y ahora lo comprendo.

Pongo en tus manos mi dolor y mi compulsión.
Por favor, haz por mí lo que yo no puedo hacer por mí mismo.
Querido Dios, por favor doblega mis falsos apetitos
y destierra mi temor.
Te agradezco por tu amor,
que sé que me bendice.
Te agradezco por tus bendiciones,
que sé que me sanan.
Que mi sanación, querido Dios,
sea de utilidad para los demás
de cualquier forma en que Tú lo dispongas.
Amén

INVOCA A TU SER REAL

Tienes un par de ojos físicos y un par de ojos espirituales. Con tus ojos físicos ves el mundo material, pero la vida es mucho más que el mundo material.

Con tus ojos espirituales, ves más allá de las apariencias. Ves el dominio de las posibilidades divinas, y cuando *ves una* nueva posibilidad, la invocas. En vez de permitir que las apariencias determinen lo que pienses que es real, puedes decidir que lo que tú piensas es real; al hacer esto, causas un cambio en lo que ves.

Una vez que ves lo que realmente eres, permites que surja tu ser real.

Esto no es teoría ni teología. No son símbolos, metáforas ni fantasías ilusorias. Esta lección será tan real en tu experiencia según tú elijas que lo sea, y en la medida que es real para ti, sus efectos serán reales en tu vida.

Tu ser real no es gordo ni delgado. Tu ser real no es un cuerpo en absoluto, sino más bien un espíritu..., una energía..., una idea en la Mente de Dios. Tu ser real es un ser de luz, por consiguiente, no tiene densidad material. Mientras te alineas cada vez más y más con esta verdad de tu ser, esta realidad suprema impregnará todos los aspectos de tu vida. *Cuanto más te identifiques con la luz de tu ser, más liviano te sentirás.* Materializará un cuerpo más ligero, cuando tengas una mente más llena de luz.

El miedo te hace sentirte más pesado literalmente, pero el amor te aligera. Cualquier tema, energía, circunstancia, idea, emoción, interpretación, perspectiva, meta, sustancia o relación que fomente miedo en ti es algo que te activa la compulsión, pues la compulsión es tu posición de apoyo ante la presencia del miedo. La pregunta es: ¿a qué le temes?

La primera respuesta que se nos ocurre es que temes estar aún más pesado, o no llegar jamás a controlar tu forma de comer, o nunca quitarte ese peso de tus espaldas, o cosas por el estilo. Pero al ahondar en este miedo, encontramos uno aún más profundo. Tu miedo más profundo no es estar gordo; tu miedo más profundo es estar delgado. *Tu miedo más profundo es ser hermoso.*

Para muchas personas, comer de forma compulsiva está ligado a un miedo al sexo o a ser sensuales. En particular, es significativo el número de mujeres cuyo peso en exceso puede estar directamente relacionado con el abuso sexual. *Cuando era hermosa, fui agredida sexualmente. O, cuando era hermosa, fui violada. O, cuando estoy hermosa, no sé cómo lidiar con la atención sexual.* Dichas ideas proliferan en las mentes de muchas personas que tienen sobrepeso, tanto hombres como mujeres.

Si la idea de estar delgado te atemoriza, no tiene sentido intentar deshacerte de lo que tu mente subconsciente ha creado como tu protección. Pues subconscientemente, no lo dejarás ir. Hay muchas formas de ocultarse, y el peso es una de ellas. Algunas personas se ocultan detrás de un muro de sobrepeso como un refugio, ante el riesgo de contacto sexual inapropiado o incluso criminal.

Si estas sombras oscuras de sexualidad te acechan tras el miedo a estar delgado, entonces la forma de dispersar esas sombras no es negando tu sexualidad, sino purificándola de su error. Algunas veces eso significa perdonar a alguien y algunas veces significa perdonarse a sí mismo.

Ciertamente, el feminismo ha ayudado a empoderar a las mujeres. Este movimiento nos ha liberado para realizar más de nuestro potencial humano, y la visión moderna de las mujeres nos ha ayudado a corregir injusticias como la subyugación y la opresión de las mujeres. Al mismo tiempo, no obstante, existen ciertas actitudes culturales más prevalentes en tiempos antiguos que nos fueron útiles, cuya ausencia nos ha dejado expuestas a energías a las que ninguna mujer debería estar expuesta. *Libertad* y *libertinaje* son dos palabras muy diferentes, y la libertad sexual de los años 60 —aunque de muchas maneras, fue una forma maravillosa de liberación— llevada al extremo, como en la mayoría de las cosas, conllevaba un potencial oculto de abuso.

La modestia no es sencillamente un valor anticuado del cual podemos ahora deshacernos; es una energía espiritual que dignifica y protege la sexualidad femenina tanto del abuso de los hombres, como del uso inapropiado de las mujeres. Las relaciones sexuales promiscuas no son simplemente inapropiadas debido a una razón moral; son inapropiadas porque violan algo profundo y extraordinario degradando su valor. "Comenzar demasiado jóvenes" no es simplemente inapropiado en razón a las actitudes sociales; es inapropiado porque el cerebro de un joven adolescente "y ciertamente el de aquellos todavía más jóvenes" no está lo suficientemente desarrollado. La personalidad de ese joven no tiene la experiencia suficiente para integrar una experiencia tan poderosa de la forma más significativa. En las últimas décadas, nos han dejado expuestos a un libertinaje sexual infernal pretendiendo ser celestial, dejándonos con un sentimiento no de liberación, sino de falta de protección. Se han derrumbado muchas murallas para las cuales hemos tenido luego que hacer esfuerzos subconscientes y disfuncionales en reconstruir. Llenarse de kilos de más es una de esas formas.

Al reducir tu miedo, tu cuerpo se reducirá por sí solo. Cuando ya no le temes tanto al mundo, te sientes más cómodo habitándolo. Al habitar más cómodamente el mundo, comenzarás a habitar más cómodamente en tu propia piel. Y al habitar más cómodamente en tu propia piel, en tu subconsciente, crearás un cuerpo más cómodo.

Si le temes al mundo, te sientes perversamente cómodo en un cuerpo que mantiene al mundo a cierta distancia. Ahí es cuando tu ser real aparece. Tu ser real ama el mundo y no *desea* mantener la distancia. Estás aquí para amar al mundo y para que el mundo te ame. Tu ser real no percibe ese hecho en un contexto sexual, sino en un contexto espiritual. La pureza de tu espiritualidad sana la toxicidad de cualquier impureza sexual de tu pasado.

Tu ser real es eternamente inocente y eternamente casto. Nada que hayas hecho y *nada que alguien te haya hecho* puede hacer que lo que Dios creó perfecto sea imperfecto. Lo que Dios ha creado es permanente y eterno. La bondad y la pureza de tu ser esencial están garantizadas para siempre. Y cuanto más tengas contacto consciente con esa pureza, más rápidamente las ideas disfuncionales, la vergüenza tóxica y otras emociones enterradas, que puedan haber surgido debido a una violación sexual, comenzarán a disolverse y a desaparecer para siempre.

En la Mente Divina, tú existes como una imagen divina. Y eso es en verdad lo que eres. Esa imagen tiene un gemelo en el mundo físico que está esperando nacer. Su existencia se expresa a sí misma como tu ser más sano, feliz y creativo. Tu cuerpo, en su forma y peso perfectos, *ya existe en* el interior de la Mente Divina, el dominio de la posibilidad pura, pues todo aquello que es perfecto reside en la posibilidad divina. Tu peso perfecto, como una expresión de tu ser real, no es una esperanza vaga oscilando en algún lugar del universo; más bien, es una huella divina gestándose en tu interior. Como una persona con sobrepeso, has dado a luz al cuerpo de tu sufrimiento; ahora es hora que des a luz al cuerpo de tu alegría.

No hay un muro alrededor de tu ser real, pero eso no significa que estés desprotegido. Tu ser real está protegido por un manto de bendiciones. Su peso es bajo, pero su energía sexual le dice: "Ni siquiera lo pienses" a cualquiera que no sea el compañero o la compañera apropiados. Al perdonarse y perdonar a todo aquel que lo haya transgredido, tu ser real ha aprendido su lección y ha sanado su corazón. No hay necesidad ni urgencia subconsciente de atraer de nuevo una situación similar. Al recordar su virtud fundamental, los demás también la recuerdan cuando están en su presencia. Solamente aquellos que valen la pena vendrán a cortejarlo, y solamente aquellos que valgan la pena serán invitados a su corte.

Tu ser real no teme estar delgado porque sabe que el mundo real no es un lugar peligroso y que el mundo real es donde tu ser habita. El mundo real no es material sino espiritual. El mundo real no es caótico, libertino, violento ni temible; el mundo real es simplemente amor.

Tu belleza —y cada uno de nosotros es hermoso cuando nos lo permitimos ser— es un regalo de Dios. Es una bendición que te ha sido otorgada y está supuesta a emanar de ti. No es una fuente de vergüenza, falsedad ni ilusión; es una fuente de alegría y bendición. El mundo no se mejora cuando te ocultas, espiritual ni físicamente. El mismo Dios que creó las rosas fue el que te creó. Tu ser real, como la rosa misma, es natural y espontáneamente hermoso. Y el mundo es más hermoso por esta razón.

Una práctica espiritual es tu puente de regreso a tu ser real y al mundo real. Por medio de la oración, la meditación, el perdón y la compasión, haces contacto consciente con tu ser espiritual, tu ser más hermoso, y aceleraras el proceso de tu sanación.

Cuando permites que la Mente Divina tenga acceso a tu mente, le permites también el acceso a tu cuerpo. El espíritu *mueve* cosas, incluyendo las fuerzas biológicas. Y también *elimina* cosas. Con esta lección, le pides a la Mente Divina que elimine cualquier temor de ser quien realmente eres. Aprender a sentirte cómodo con tu propia magnificencia — tu propia realidad como hijo de Dios— es la meta de cualquier búsqueda espiritual, incluyendo ésta.

Tu ser real es como un archivo de computadora que todavía no ha sido descargado. Existe; solamente que no ha aparecido todavía en la pantalla frente a ti. Y es porque todavía no ha sido elegido. Has elegido el miedo en vez del amor, pero al practicar las elecciones de este curso, comenzarás a elegir de forma diferente. Cuanto más te alineas con tu ser real, éste tomará cada vez más tus decisiones. Y tu ser real siempre elegirá el amor.

Elegir comer sano no es importante simplemente porque te lleva a un ser discutiblemente más atractivo; no es importante nada más porque te ofrece la posibilidad de usar vestidos de tallas más pequeñas; ni siquiera es importante porque es más sano. Es importante porque es un acto de amor. Es una forma de alimentar al que quieres ser: más sano, más hermoso, más cómodo y más feliz. Invocas aquello que alimentas. En verdad no te estás alimentando cuando comes en exceso; de hecho, te estás privando del sustento cuando comes en exceso, porque al hacerlo te estás privando del amor.

Una de las formas en que expresas tu amor hacia ti es permitiéndote desear lo que quieres. Una de las razones por las cuales la gente consume demasiado de *cualquier cosa* es porque no consume *suficiente de* otras. Tiendes a tomar demasiada sustancia material cuando te estás matando de hambre de sustancia espiritual.

Comer demasiado es un acto de inanición espiritual, y una de las cosas de las que el comedor compulsivo a menudo se priva es de su derecho natural a soñar. Al invocar a tu ser real comienzas a expandir tu imaginación, permitiéndote desear lo que verdaderamente deseas. Tienes tanto derecho a tus sueños como cualquiera. Y si no permites que tu ser más delgado viva en tu imaginación, será imposible que le permitas residir en tu cuerpo.

Quizá tienes una foto tuya de cuando tenías el peso que ahora deseas tener, o puedes recortar una foto de un libro o de una revista que represente tu apariencia deseada. Asegúrate, no obstante, que si usas la imagen de otra persona le coloques *tu propio rostro,* de lo contrario este ejercicio te servirá más para deprimirte que para sanarte. Estas lecciones no son para que desees ser otra persona; son para que aprendas a manifestar lo mejor de ti. Y lo mejor de ti siente aprecio por la belleza de este mundo, incluyendo la propia. La belleza y la sensualidad son regalos de la naturaleza, y si alguien o algo las ha mancillado en tu mente, es hora de sanarlas.

El aspecto sensual de tu cuerpo es un regalo espiritual; experimentarlo es parte de la gloria de ser humanos. Muy profundamente, deseas una cintura; deseas un cuerpo más liviano. Deseas experimentar el amor hacia ti en su plenitud.

No solo es tu derecho, sino también tu propósito en la tierra convertirte en la persona que anhelas ser. No deseas ser una víctima; deseas ser alguien bueno, sano y creativo. Anhelas sentir la gloria de un cuerpo en forma, y la alegría de poder correr con tus hijos y nietos. Anhelas tener una relación que no sea obsesiva con la comida, y anhelas verte en el espejo y que te guste lo que ves.

Nadie más que tú se está negando estas experiencias, y cuando enfrentas este hecho —que *tú* eres cruel *contigo,* que *tú* te estás privando a *ti mismo,* que *tú te* estás haciendo daño— es horrendo y liberador al mismo tiempo ver las cosas cara a cara tal como son. ¿Crees que ya te has maltratado lo suficiente? ¿Ya has averiguado lo que hiciste para merecer esto? ¿Estás listo para un milagro?

Aparte del peso, puede ser que no tengas el cuerpo de un o una supermodelo. Y eso está bien. Cuando tu cuerpo está tonificado y tiene un peso sano y apropiado para ti, es hermoso. Cuando colocas en tu refrigerador una foto de un supermodelo —con tu rostro en vez de su rostro— está bien. No te estás autodestruyendo poniendo tu mirada en una meta irreal; simplemente, estás permitiendo que tu corazón se apropie de lo que realmente desea.

Tu deseo es algo bueno, no es un enemigo. No estás menospreciando tu seriedad celebrando tu aspecto físico. Tu calidad de ser físico. No estás cediendo a una fantasía chovinista diciendo: "¡Sí, demonios, eso es lo que quiero!". No estás tratando de escapar de tu vida; ¡finalmente, estás tratando de recuperarla!

Cuanto más aceptes la imagen de un cuerpo hermoso y te permitas emocionalmente desearlo, tu mente subconsciente lo manifestará a un mayor grado. "No debería querer eso", "nunca puedo tenerlo", o "de todas maneras no quiero eso", *no* es la instrucción que tu mente subconsciente debería recibir cuando miras a una chica como Beyoncé.

Quizá cargas en tu mente imágenes desagradables: imágenes de una barriga protuberante, muslos enormes, doble barbilla y cosas por el estilo. Estas pueden ser imágenes exageradas y distorsionadas y ni siquiera es como los demás te ven, pero te han llevado a un monólogo interior negativo que ataca estas imágenes y al mismo tiempo las refuerza. Ahora, al colocar tu rostro en la foto de un cuerpo hermoso —represente éste o no tu tipo de cuerpo— tienes la oportunidad de proyectar tu ser real en el mundo, usurpando una auto imagen fea y antigua, y rebosando tu mente con una nueva y hermosa imagen.

No estás comparando ni contrastando tu cuerpo con el de una persona delgada, lo cual te llevaría solamente a un sube y baja en donde alternas motivación y desespero. No estás tratando de ser alguien más; simplemente, estás invocando el arquetipo de la belleza humana corporal. Estás aceptando la belleza como tu derecho divino, el mismo derecho que le pertenece a todos. Alguien con un cuerpo hermoso no revela lo que es solamente suyo; está revelando una energía prototípica. Estás invocando la energía como un absoluto, un aspecto de la Divinidad en el interior de todos nosotros.

Toma cualquier acción que te ayude a progresar en este proceso. Haz copias de esa foto con tu rostro sobre un cuerpo hermoso y colócalas en varios lugares alrededor de tu casa. Asegúrate de colocar una en tu refrigerador, en los gabinetes de tu cocina y en el espejo de tu baño. Convierte tu cocina y tu habitación en un homenaje visual a estas imágenes. Y no olvides colocar la foto en tu altar. No importa lo que pienses de estas fotos a un nivel consciente, o lo que las personas que te rodean puedan pensar de ellas, se están grabando en tu mente subconsciente.

Cada vez que miras esa foto, invitas a cobrar vida a tu ser interior delgado. Tu "ser interior delgado" no representa un falso valor, una imagen superficial ni poco profunda creada por revistas de moda para atormentarte. Tu deseo de estar delgado es un deseo válido...: el deseo de estar sano, de sentirte ligero, de sentirte cómodo en tu cuerpo, de tener ropa divertida, de disfrutar de tu cuerpo, de ser sensual y de estar libre de compulsiones.

Posees en tu interior un sistema de guía interno. Está perfectamente calibrado para mantener el sistema de tu cuerpo en perfecto orden. Guía tu respiración, la función cerebral, la digestión y todo lo demás. Y cuando eras un recién nacido, guiaba tu hambre y tu deseo de comer. Sin duda alguna, tu sistema de guía en esta área ha dejado de funcionar apropiadamente, pero no hay nada intrínsecamente permanente en este desorden. Cuando tu *sistema de guía espiritual* vuelve a funcionar apropiadamente, tu sistema de guía físico también vuelve a su lugar. Puede ser que esto no ocurra de inmediato, pero terminará ocurriendo. Manifestar tu peso perfecto es simplemente un resultado natural de realinearte con tu verdadero ser.

Recuerda, tu belleza ya existe en la mente de Dios, y cuanto más reclames su existencia, más rápidamente se materializará. Has explorado la zona de una existencia más pesada; explora ahora la zona de una más liviana. Considérate el dios o la diosa más preciosa, delgada y radiante. Conoce este aspecto de ti mismo. Identifícate con tu verdadero ser, donde tu verdadero ser reside: en el templo interno de tu corazón. E inevitablemente, tu verdadero ser saldrá a la luz. Tu cuerpo actual es el producto de la mentalidad de ayer; a medida que tus pensamientos actuales cambien, tu cuerpo cambiará mañana.

No esperes a que tu verdadero ser se materialice, antes de identificarte con él. Identifícate con él ahora. Reside en él ahora.

Escríbele ahora.

Usa tu diario para escribirle una carta a Tu Ser Delgado, de igual forma que le escribiste a Tu Ser No Delgado en la Lección 2. Dile lo que piensas de él, y si es necesario, por qué le temes.

Luego permite que te escriba de regreso. Permítele que te diga lo que le hace falta para que cobre vida.

Un ejemplo podría ser:

Querido Ser Delgado:
Pues bien, hace tanto tiempo que no te he visto que ni siquiera estoy seguro de que existes. Vamos, supongo que existes como una posibilidad; si realmente eso es una existencia. Pero no es el cuerpo que veo cuando me despierto cada mañana, de eso estoy seguro. Creo que mi vida estaría mucho mejor si ni siquiera tuviera la esperanza de verte. No sé si debo odiarte o amarte, pero sé en mi corazón que desearía ser tú. De eso estoy seguro.
Valga la pena o no decírtelo, lamento haberte puesto las cosas tan difíciles.
Entiendo que he dificultado tu aparición y que he hecho más para perjudicarte que lo que tú has hecho para hacerme daño. Me gustaría saber cómo adelgazar y permanecer así, pero tengo un problema serio con el peso, como tú sabes, y no he podido hacer nada mejor de lo que he hecho hasta ahora.
Tengo la esperanza de que Dios pueda ayudarme y así permitirte salir a la luz y ser el cuerpo que deseo. Renuncio a cualquier pensamiento o emoción que dificulte tu aparición, y estoy orando y pidiendo un milagro.
Amorosamente,
Yo

Y la carta de respuesta sería algo por este estilo:

Querido Ser No Delgado,
Cuando estés listo, aquí estoy.
Nos vemos pronto.
Amorosamente,
Yo

Regresa tu diario al altar cuando termines. Esto añadirá energía piadosa a tu labor.

Reflexión y oración

Con tus ojos cerrados, observa en el centro de tu mente una pequeña esfera de luz dorada. Ahora visualízate en el interior de esta luz tal como estás ahora mismo. Observa tu cuerpo como está ahora, tu peso como está ahora, todo tu ser como está ahora.

Ahora visualiza una esfera de luz en el interior de tu pecho. Visualiza la luz expandirse en un brillo dorado que cubre todo tu cuerpo y que termina por borrar la visión de tu ser físico.

Ahora observa en el interior de esta luz cómo comienza a formarse un nuevo cuerpo. El cuerpo de tu ser real, una imagen radiante y divina. Pídele a la Mente Divina que coloque en tu interior una visualización de tu ser perfecto..., generoso..., compasivo..., bondadoso..., seguro..., completo..., valiente... y lleno de amor. ¿Cómo luce este cuerpo? Puede ser el de alguien muy delgado; puede ser alguien no tan delgado, sino más bien con una figura llena, aunque sana y de piel firme. Cuando adquieres este tipo de plenitud interna, sea cual sea, tu ser externo no puede evitar ser hermoso.

Cuando la Mente Divina coloca esta imagen en tu interior, tu alma se llena. Será como un cuerpo astral y energético que ya existe. Todavía no ha sido descargado en manifestación física, pero existe en el éter espiritual. Existe en el dominio de las posibilidades infinitas. Existe en el dominio del potencial puro. Y tú estás transformando tu sentido de la realidad de un enfoque de mente estrecha de lo que existe en el mundo físico a una aceptación de una mente más amplia de lo que existe en el dominio del espíritu, pues lo que existe en el dominio del espíritu, es de hecho *más real*.

Quizá tu miedo mental trate de provocarte. "Oye, amigo, esta es una realidad tridimensional. Esto es *real*. Más te vale que lo *aceptes*". Pero para los fines de esta visualización, debes saber que *no tienes que aceptarlo*. Los maestros de la transformación metafísica han comprendido este secreto milenario: que la dimensión física es sólo una dimensión, y es la seguidora, no la líder, de las demás dimensiones. La mente, el espíritu y la imaginación son los dirigentes; si les permites serlo.

Aprópiate del poder de tu imaginación. No te limites *de ninguna forma en absoluto,* por lo que piensas que es posible, probable o lógico.

¿Deseas un cuerpo hermoso? Adelante, tú puedes. Imagínalo. Permite que impregne tu conciencia. Acéptalo. No lo mantengas a raya. ¿Quieres el físico de un fisicoculturista? Adelante, tú puedes. Acéptalo. Aprópiate de él. Abre la prisión de tu mente, y para variar con el permiso total concedido por ti mismo, *permítete desear lo que realmente deseas.* Si te preguntas a ti mismo lo que deseas y la respuesta es otra porción de helado u otra rebanada de pastel, entonces pregúntate qué es lo que *realmente* deseas. Descubrirás que cuando te apropias de tu deseo de tener el cuerpo de tus sueños, comenzará a desvanecerse tu deseo de otra porción de helado.

Permítete ser —con todos tus deseos, esperanzas y sueños reales— y observa cómo llega la figura perfecta de las cosas. Inhala las imágenes y siente la gloria de su presencia. Permítele a Dios en todo su misterioso poder que haga el resto.

Querido Dios:
Por favor, entrégame
mi propio ser real.
Por favor, haz que mi cuerpo
sea el recipiente perfecto
para el cual me creaste.
Y enséñame a vivir en él
feliz y en paz.
Amén

INICIA UN ROMANCE CON LA COMIDA

Probablemente, leíste el título de este capítulo más de una vez pensando que había un error. Quizá pensaste que yo quería decir que debes *terminar* tu romance con la comida, no iniciar uno. Eh…, pues no. Leíste bien la primera vez. Es hora de que *inicies* un verdadero romance con la comida.

Lo que has tenido hasta este punto ha sido una relación obsesiva; y una relación obsesiva no es amor. Ya sea con una sustancia o una persona, una relación obsesiva es una relación tormentosa…, un carnaval de dolor…, pero no un verdadero romance, *porque ahí no hay amor.* Creer que necesitas comida, que en verdad no necesitas, prácticamente, inhalar la comida, anhelarla, obsesionarte con ella, darte un atracón y luego evitarla por completo; controlar la comida y tener que ser estricto con ella; nada de esto es representativo de un romance. No es amor sentir dolor, compulsión y odio hacia ti mismo.

El verdadero amante de la comida es capaz de disfrutarla poco a poco. Puede *saborearla*, y no deleitarse de forma neurótica con ella. Puede masticar despacio y verdaderamente degustarla. Puede comer sin culpa y dejar de comer sin hacer gran esfuerzo. Puede celebrar la contribución de la comida a su salud. Puede maravillarse ante ella y apreciar su belleza. Puede deleitarse ante un puesto de frutas y estudiar las curvas de una pera. Puede mirar con detenimiento una granada y sorprenderse ante el hecho de que desde hace miles de años la gente ha comido esta fruta. Puede ir de compras sin preguntarse si alguien lo está observando o juzgando. Puede mirar detenidamente un hermoso racimo de uvas y considerar si las prefiere en su estómago o en una vasija de cristal sobre su mesa. Puede tomar un bocado de alguna delicia, inhalar en éxtasis su sabor *y* disfrutar mientras espera otro bocado. Para él, los espacios entre bocados son parte del disfrute de su experiencia.

No, el comedor compulsivo no es un amante de la comida. Cuando se trata de disfrutar la comida, tus mejores días no pertenecen a tu pasado sino a tu futuro.

Los patrones de comida de un comedor compulsivo son caóticos, temerosos, furtivos y fuera de control. No obstante, estos patrones disfuncionales no son tu problema de fondo. Son *síntomas* del problema. En el fondo, tu problema es la histeria en tus entrañas: el grito callado y traumático de: "¡Estoy vacío! ¡Lléname! ¡Estoy vacío! ¡Lléname!". La energía irracional e irresistible que se ha filtrado en tu cerebro, estacionándose en tu sistema nervioso, donde se queda hasta que te comes todo. Este curso es un plan para disolver la histeria y llenar tu vacío, reemplazándolo con amor.

Hace algunos años, después de una avalancha de terribles incidentes en donde estudiantes de preparatoria realizaron actos de violencia contra maestros y compañeros, advertí un tipo de disciplina interesante, pero a la vez perturbador, que habían impuesto en la escuela de mi hija. Súbitamente, decidieron que los alumnos no tenían cinco minutos entre clases, sino solo dos. Pasarse notas en clase era seriamente castigado. Todas las actividades al aire libre estaban prohibidas, y todo "tiempo de recreo" era también estrictamente prohibido.

Ejercí presión a la administración escolar arguyendo que por muy duro que yo trabajara a diario, de vez en cuando tenía que levantarme de mi escritorio, estirar mi cuerpo, hacer algo trivial durante cinco minutos, tomar un poco de aire... ¡tomar un *descanso!* ¡Los niños son humanos y también lo necesitan!

Al encontrarme con la resistencia de la escuela ante mi argumento, comprendí lo que estaba sucediendo. Esta escuela, y quizá también otras, había establecido un plan para prevenir y desalentar la socialización negativa, suprimiendo todo tipo de socialización. ¡No dejen que los chicos se junten, algo terrible puede suceder! No les permitan establecer relaciones; ¡pueden hacerse daño entre ellos! No los dejen relajarse; ¡pueden usar ese tiempo para tramar algún plan funesto! *Entonces, ¿cuál es el plan aquí?* Pensé. ¿Entrenarlos para que sean zombis inhumanos y entonces todo estará bien?

Poco después, mi hija dejó esa escuela, pero lo que quedó en mi mente fue la extraña irracionalidad de tratar de mantener a los niños separados en la escuela. La respuesta a una conducta antisocial entre nuestros niños no es suprimir la socialización, sino enseñarles un modelo de socialización *positiva*. ¡¡A ver!! Es evidente, ¿no?

Igual ocurre con la acción de comer de forma disfuncional. La solución a comer demasiado no es obviamente negarse por completo la comida; la respuesta es no negarse nada en absoluto. No tienes que olvidarte de la comida, alejarte de la comida, negarte la comida, ni evitar la comida. Y lo último que debes hacer, si deseas dejar de pensar obsesivamente en la comida, ¡es decirte que no pienses en eso! Hacerlo es una invitación a que te abrumen ese mismo tipo de ideas.

La comida no solamente es tu problema, también es tu maestra. Es un reflejo de un problema aún más profundo, una oportunidad y una invitación para enfrentar lo que yace tras tu compulsión de la comida. Tu único problema real; el único problema real de cualquiera; es una separación de la Mente Divina. Cada paso que tomas con el amor en tu mente es un paso de regreso a quien eres en verdad.

El propósito de este curso es colocar de vuelta el amor genuino en tu relación con la comida; no un amor falso, no un sustituto del amor, sino un amor genuino. Amor y gratitud por la comida que te nutre y sustenta. Amor y gratitud hacia las comidas que contribuyen a formar lazos entre parientes y amigos. Amar y sentir gratitud por la comida es algo que tienes derecho a disfrutar, una vez que aprendes a relacionarte con ella con desapego divino.

Desapego significa que puedes tomarla o dejarla; puedes disfrutar de la comida si tienes hambre, pero puedes ignorarla si no tienes hambre. El amor, como siempre, es la clave para corregir las cosas. Aprendiendo a amar la comida, dejarás tu obsesión con ella. Y tu verdadero problema es la obsesión, no la comida.

La obsesión, ya sea con una sustancia o una persona, ocurre cuando estás abierto a dar pero todavía no sabes cómo recibir. Sigues buscando más porque no sientes que nada llega de regreso. Cuando eras niño, quizá, no recibías nada *en retorno*, por lo que siempre tratabas de conseguir más de algo de lo que ya te habías convencido que en realidad no existía. Mientras formas una relación con la comida que *sí* te da algo en retorno, comienzas a experimentar una relación en la cual el amor ha reemplazado la obsesión.

La única forma de lograr una sana neutralidad respecto a la comida es aprendiendo a amarla, y la única comida que realmente puedes amar es la que te ama en retorno.

Puedes estar pensando: ¿Te ama un helado con salsa de chocolate caliente? Es cierto que puede hacerte sentir eufórico por un momento, pero también puede hacerlo la metanfetamina. Para mí, una ocasión especial en que comía un helado con salsa de chocolate caliente estaba conectada con el hecho de que cuando era niña, mi madre siempre me llevaba a un hotel a darme un helado para celebrar cosas como haber sacado buenas calificaciones o haber ganado un concurso en la escuela. Desafortunadamente, mi cerebro quedó impreso con el mensaje de que los grandes éxitos deberían ser acompañados de un helado con salsa de chocolate caliente. Me tomó años desconectarme de eso, y solo hace poco, se me ocurrió que quizá a mi madre se le había ocurrido este ritual de celebración como una excusa ¡para *ella* misma satisfacer su deseo de helado! (Cuando uno es madre, comprende a su propia madre mucho mejor...).

No, los helados con salsa de chocolate caliente no me aman ni te aman. Están llenos de azúcar y de químicos procesados que nos ofrecen todo menos amor. Ésas cosas fomentan el cáncer, incrementan el colesterol, reducen las hormonas del crecimiento, debilitan la visión, interfieren con la absorción de proteínas, causan alergias alimenticias, contribuyen a la diabetes y a las enfermedades cardiovasculares, afectan la estructura del ADN, dificultan la concentración, reducen las defensas contra las enfermedades infecciosas, llevan a la osteoporosis y más. Yo no llamaría *amor* a ninguna de esas cosas.

Al mismo tiempo, no quiero decir con esto que tienes prohibido el resto de tu vida comerte un helado con salsa de chocolate caliente. Quiere decir sencillamente que mientras evolucionas hacia el sentido más elevado de tu ser, ni siquiera sentirás *deseo de* comerte todo un helado con salsa de chocolate caliente; la experiencia ya no será para ti una experiencia de amor.

Los productos que amas son aquellos que contribuyen a tu bienestar. Desde las frutas y los vegetales hasta los granos integrales, que fortalecen tu cuerpo, combaten las enfermedades, mejoran tu piel y te mantienen funcionando normalmente. Los vegetales ayudan al crecimiento y al buen funcionamiento de las neuronas, las frutas proveen azúcar sana y aportan energía, y los granos integrales pueden ayudarte a reducir el riesgo de cáncer y de enfermedades cardiovasculares. En el mundo moderno, cada día es más fácil encontrar comida sana de buen sabor. Pueden existir supermercados y restaurantes de comida más sana por los cuales pasas con frecuencia y a los cuales jamás se te habría ocurrido ir... hasta ahora.

Puede ser que tu problema no sea que comes con mucha frecuencia, sino que no te alimentas bien. Particularmente en el mundo de hoy es fácil comer mal, pero no es necesario. Estamos en medio de una revolución alimenticia, y esas son buenas noticias para el comedor compulsivo.

Los restaurantes ahora incluyen en su menú lo mejor de las comidas nutritivas, orgánicas e incluso estrictamente vegetarianas. Aunque no sea el caso, puedes aprender a elegir lo que más te beneficia de un menú. Hay hermosas revistas con recetas y muestras de comida sana. Abundan las opciones de comida cruda, productos orgánicos y otras opciones óptimas de alimentación. ¿Es siempre fácil, conveniente o poco costoso tomar decisiones sabias respecto a la comida? Quizá no. Pero seamos claros: tampoco es fácil, conveniente ni barato ser adicto a la comida.

Una vez que sabes lo que es y cómo hacerlo, comer sano no es un castigo sino una recompensa. No es hora de renunciar a algo, sino hora de asumir algo nuevo. No es hora de negarte algo, sino más bien es hora de ser generoso contigo.

Es triste aceptarlo, pero muchas de las personas que pasan la mayoría del tiempo con la comida, *no* tienden a ser las mismas que asisten a clases de cocina, aprenden recetas creativas o hasta consumen los mejores alimentos. Incluso si un comedor compulsivo va a cenar a un restaurante muy fino, es muy posible que se atiborre de comida chatarra durante la tarde, negándose en realidad la oportunidad de disfrutar de una deliciosa y suculenta cena. Para el momento de la cena, llenará su apetito psicológico, quizá, pero no su estómago, pues éste ya estará lleno. Cuando se trata de disfrutar realmente de la comida, el comedor compulsivo tiende a *privarse.*

Es hora de cambiar esto. Comencemos tu romance con la comida.

Esta lección tiene tareas y lo único que importa es que las hagas. Aunque sigas comiendo de forma poco sana mientras las haces, está bien. No esperes hacer estas tareas hasta que tengas un control sobre tus hábitos alimenticios, ¡pues hacerlas te ayudará a dejar de comer en exceso! Ahora no estás repudiando tus viejos hábitos, sino más bien construyendo nuevos. Y se toma tiempo construir nuevos hábitos. Se tomarán un tiempo para que los cambios que se producirán en tu vida con estas lecciones lleguen a filtrarse lentamente desde tu intelecto hasta tu sistema nervioso, y desarrollar la paciencia es parte del proceso.

La impaciencia no es más que la mente temerosa tratando de convencerte de que todo es inútil y que por consiguiente, no deberías ni siquiera tratar. También es la voz que te dice que des un bocado más antes de siquiera terminar el último, así que debes recordar que esa voz no es tu amiga. *Tú* debes ser tu amigo ahora. Y un amigo es amable, así que a pesar de todo el desagrado que puedas sentir hacia ti mismo, es importante que seas amable contigo. Éste no es un curso en autodisciplina, sino que, de distintas maneras, es un curso para aprender a amarte.

Comer de forma perjudicial se ha convertido para ti en un ritual, en una especie de ceremonia mágica y secreta en la cual buscas la oscuridad por lo que ella no puede proveer. Aprenderás a construir un nuevo ritual ahora: el ritual de comer de forma sana, abierta y amorosa.

Todo comienza con una hermosa servilleta.

Ahora, además de pensar que esto es lo más tonto que has escuchado en tu vida, puede ser que también pienses que ya tienes muchas servilletas, gracias ¡y no necesitas otra! Puede ser que tengas tus cajones rebosantes de servilletas; algunas de lino que has heredado de tu abuela u otras bordadas que compraste en Italia o en Francia. Nada de eso importa ahora; necesitas una nueva. *Pues todas las que tienes pertenecen a tu viejo ser.*

Te sirve en este punto para comprender el poder del ritual. Este curso está pidiendo mucho de ti...: hacer listas, escribir tus emociones, comprar cosas nuevas, hacer una ceremonia, y cosas por el estilo. De muchas maneras, es un libro de *cosas por hacer*. No obstante, estas acciones no son infundadas; forman parte de un currículo específico para alterar fundamentalmente tus patrones y hábitos mentales: las formas de pensamientos que te han llevado siempre a una conducta autodestructiva.

No importa la rapidez con la que pases a través de estas lecciones, pero sí importa la forma detallada y concisa en que las hagas. Te estás ofreciendo un regalo fantástico, si sencillamente sigues las lecciones al pie de la letra, aunque no puedas evitar pensar: *No, ¿en serio tengo que hacer eso?* Si no funcionan, no funcionan. Pero si funcionan, tu vida cambiará para siempre.

Es importante que sea una servilleta nueva; no puedes formar nuevos rituales usando las herramientas que representan lo antiguo. Y la última persona del mundo que puede despreciar el poder del ritual es alguien que realiza con frecuencia rituales de comer en secreto y de forma excesiva: alguien que anda rondando en medio de la noche excitado ante la idea de la comida, igual que un heroinómano se excita ante la idea de la heroína; abriendo y cerrando el refrigerador cientos de veces para asegurarse de que a lo mejor está ahí el amor de tu mami; y visita los supermercados durante horas en un estado casi neurótico ante la visión de la comida, compre o no compre. No, no trates de argumentar que *no eres del tipo que practica rituales.* Tampoco menosprecies la noción de los activadores de tu cerebro, cuando evidentemente no hace falta un nivel de estrés muy elevado para que te lances directamente en los brazos de la comida, la cual muy probablemente te ayudará por un instante y luego te enviará a un prolongado estado de desesperación.

Logras minar los rituales negativos reemplazándolos con rituales sagrados. Esto te llevará naturalmente a comer de forma sana, lo cual naturalmente te llevará a perder peso. Amén.

Regresemos a la servilleta. Debe ser hermosa, tan hermosa como divina. Y no tiene que costar mucho dinero; puedes comprar una servilleta hermosa con muy poco dinero, definitivamente, menos de lo que gastarías en tu próximo atracón. Puede ser de cualquier color y estilo. Solo asegúrate de que te guste mucho.

Luego compras un plato, y uno nuevo, los platos que tienes no te sirven. Así como los judíos ortodoxos tienen una vajilla diferente para la celebración del sábado y de sus días festivos para las comidas consagradas por Dios, tú también tendrás que conseguir un plato sagrado para usar durante este proceso. Estás rehabilitando tu apetito convirtiéndolo en sagrado.

Sé que podrías estar pensando que tu relación con la comida es tan disfuncional... que tus patrones adictivos están tan arraigados y llevan tanto tiempo..., que simplemente no hay forma de cambiar las cosas en este momento. Repito, si solamente tuvieras que confiar en ti para hacer que las cosas cambiaran, tu ansiedad estaría justificada.

Sin embargo, no estás solo. Has puesto tu problema en manos de Dios, y el poder divino te está transformando. Esta es la razón por la que estás convirtiendo cada paso de tu proceso de transformación en una experiencia sagrada. Estás tomando cada paso con Dios en la mente.

Vas a interrumpir los viejos patrones reemplazándolos con algo hermoso y bueno. Porque donde hay luz, no puede haber oscuridad. Donde hay una conexión con lo sagrado, la compulsión no puede seguir. En la presencia de tu ser real, todo lo que no eres tú simplemente se desvanece.

Los elementos que constituyen esta lección son los siguientes:

- Una hermosa servilleta nueva

- Un hermoso vaso nuevo

- Uno o dos platos hermosos y nuevos

- Un hermoso cuchillo nuevo

- Un hermoso tenedor nuevo

- Una hermosa cuchara nueva

- Un hermoso individual nuevo

- Dos candelabros (puedes usar los que tengas)

- Dos hermosas velas nuevas

- Una hermosa pieza musical, algo que te guste escuchar especialmente mientras comes

No estás dejando a un lado a tus familiares, amigos, o cualquier persona con la que vivas cuando estás practicando este ejercicio y puede ser buena idea que se lo digas. El acto de dedicar un espacio único para ti es sencillamente, una respuesta a las exigencias de tu propia sanación, y no algo que estés haciendo para separarte de los demás.

No se permite lo siguiente: servilletas de papel; un individual de papel o plástico; platos de papel o plástico; cubiertos de plástico. Todo esto sugiere que estás comiendo a la carrera, y uno de los patrones de los que nos estamos alejando es de comer rápidamente. Comer rápidamente es un activador peligroso para el comedor compulsivo. Activa las ansias de comer más rápido, y comer rápido significa comer más. Comer rápido es una forma de activar una reacción química que provoca una euforia adictiva. Es muy importante, mientras fundas la base de tu nuevo ser, que cultives una vida más lenta. Al desacelerar ciertos aspectos de tu vida, comerás más despacio. Y al comer más despacio, es muy probable que comas mejor.

Una amiga me contó sobre una cena a la que asistió una vez en Los Ángeles, fue con una mujer que comía tan rápidamente que apenas si podía rellenarse la boca de comida con la suficiente velocidad. Refiriéndose a una ciudad que está a una hora de distancia de Los Ángeles, un hombre en la mesa le susurró a mi amiga: "Ella come como si fuera Hitler en Pomona".

Ciertamente, hay muchas razones por las que podrías comer como si un ejército te estuviera persiguiendo. Quizá te sientes culpable por comer lo que comes y deseas terminar lo antes posible para que nadie te vea. Quizá sientes tanta desesperación asociada con comer cualquier cosa que lo haces de forma rápida para comerte el desespero. Quizá cuando niño tenías que comer rápidamente solo para conseguir suficiente comida.

No importa la razón. Los rituales sagrados mueven las moléculas transformando la energía en tu mente y tu cuerpo. Una servilleta hermosa, un plato hermoso, un vaso hermoso, un cuchillo hermoso, un tenedor hermoso, una hermosa cuchara y un individual hermoso, te *ayudarán*. Las velas te ayudarán. No las colocarás de inmediato en tu cocina, ni siquiera en tu comedor. Primero van a tu altar, hasta que estés listo para impregnarte de la energía que representan.

Vas a colocar todo en tu altar de forma hermosa, mientras preparas un festín para tu ser real...: el comensal que todavía no ha llegado, pero que está siendo invocado mientras lees esto. Tu ser cuyo apetito está elegantemente alineado con el espíritu en tu interior. Y parte de la forma en que invocamos a este nuevo comensal es preparando los utensilios para la mesa y colocándolos en el altar.

Parafraseando un conocido adagio: prepara la mesa y ella llegará.

Reflexión y oración

Con tus ojos cerrados, observa tu altar y el arreglo de mesa que has colocado en él. Ahora visualiza con tu ojo interior una visión de un ángel que llega y se sienta frente a tu nuevo arreglo de mesa. A ser testigo de toda esa belleza, a disfrutar la experiencia, a bendecir lo que está ocurriendo, a simplemente 'ser'. Sé testigo de esto durante todo el tiempo que puedas.

Quizá ese ser divino te invite a sentarse a su lado, o quizá te descubres simplemente siendo testigo de lo que está ocurriendo. Sea lo que sea que visualices, nada más permite que las imágenes permanezcan en tu interior.

Querido Dios:
Por favor, ayúdame a comenzar de nuevo,
a reconstruir mi templo
y a restaurar mi cuerpo.

Que aprenda a comer bien.
Por favor, envía ángeles para ayudarme.
Que los ángeles vigilen mi comida y se sienten conmigo
mientras como.
Que la comida,
que he usado tanto para perjudicarme,
se convierta ahora en una bendición,
y sólo en una bendición,
en mi vida.
Amén

CONSTRUYE UNA RELACIÓN CON LA COMIDA SANA

Cuando mi hija era una niña pequeña, tenía una forma muy original de presentarse en situaciones sociales. Si íbamos a una fiesta, a una nueva escuela o parque, se quedaba muy cerca a mí, se abrazaba a mis piernas y no me soltaba. Al mismo tiempo, se quedaba observando intensamente a los demás niños, mirándolos muy atentamente mientras ellos realizaban sus actividades.

Cuando sentía que ya había visto lo que tenía que ver y había absorbido toda la información que necesitaba, para sentirse segura antes de unirse a ellos, soltaba mi pierna y comenzaba a socializar con facilidad con los demás niños y niñas. Era totalmente inútil decirle tan pronto llegábamos: "¡Oye cariño, juega con los demás niños!", pues no lo haría. No obstante, tampoco había ninguna necesidad de coaccionarla, porque ella lo haría a su debido tiempo. Sencillamente, ella seguía su proceso. Tenía que ver lo que estaba ocurriendo y de alguna manera, encontrar su camino. Entonces, una vez que estuviera lista, se lanzaba.

Llegué a sentir mucho respeto por la forma de mi hija de empoderarse hacia adentro antes de avanzar en dichas situaciones. Me di cuenta de lo bien que eso funcionaba para ella. Había encontrado su método infantil de, simplemente, reconocer sus necesidades y honrarlas naturalmente.

En esta lección, vamos a honrar tus necesidades con el fin de desarrollar mejores hábitos de comida *y* avanzar hacia ellos natural y gradualmente, y según tus propias condiciones.

Como mencioné antes, no hay necesidad de esperar hasta que hayas avanzado en una dieta, hayas perdido peso, o ni siquiera sientas entusiasmo respecto a las lecciones de este curso antes de practicarlas. Se supone que sean tus compañeras cuando estés comiendo bien, así como tus compañeras cuando haya una recaída. Ya sea que te sientas bien o desesperado, solo sigue haciéndolas.

La última lección te presentó la idea de que inicies un romance con la comida sana. Pero el patrón natural de cualquier romance es que una vez que la emoción inicial comienza a desvanecerse, la naturaleza de la relación en la vida real, día tras día, comienza a pasar, y tu mente se siente tentada a distraerse con algo que tenga más sabor. Como, por ejemplo, una pizza o un pastel de chocolate, después de toda esa ensalada..., o una rosquilla de pan en lugar de otra maldita manzana. Y está bien que te sientes así; si no fuera así, no serías humano.

Entonces, ya sea que estés comiendo pastel o manzana, esta lección te guiará hacia una relación real con la comida, una relación en la cual no todos los días serán necesariamente dramáticos, cada comida no te ofrecerá una emoción de éxtasis, ni cada dolor será aplacado. Pero permíteme recordarte, que la relación con la comida que tienes ahora tampoco es algo que te ofrece mucho confort... solo pretende hacerlo.

El drama diario de una relación obsesiva con la comida no es el drama elevado de nutrición y disfrute, sino un drama barato e inferior lleno de dolor. La emoción de éxtasis de comer de forma excesiva y malsana no es una verdadera emoción de éxtasis en absoluto, sino un acto de autodestrucción químicamente activado y adictivo. Tu dolor se apacigua comiendo demasiado solo durante un periodo muy breve de tiempo, después del cual regresa aumentado de forma exponencial. Este curso no te pide que te liberes de la compulsión, pero sí te pide que trates de ser más honesto contigo mismo. Que seas lo suficientemente honesto para reconocer que aunque la comida sana puede parecerte aburrida en este momento, la comida malsana o excesiva no es tu amiga.

De nuevo, eso no significa que te obligues a hacerlo. Si te *obligas* a parar, lo único que vas a lograr es comenzar a hacerlo de nuevo. Solo abre tus ojos ante lo que está ocurriendo en verdad, y llegará el día en que sencillamente ya no desees perjudicarte. Ya no desearás comer demasiado. Habrás terminado con eso, y algo nuevo comenzará.

Hace años descubrí que las uvas verdes me ayudaban a reducir mi consumo de azúcar. Mis amigos me habían dicho que aunque las uvas son una sustancia natural, de todas maneras contienen azúcar. Pero no hay comparación entre el veneno que es el azúcar refinado y el azúcar natural de las uvas verdes maduras.

En esa época comencé un romance con las uvas que continúa hasta el día de hoy. Pero no me dije un día a mí misma: "¡Se acabó! ¡No más azúcar refinada!". Sino que más bien fue un proceso gradual en el que descubrí lo que funcionaba para mí. Comía uvas verdes *al tiempo* que comía otros productos que contenían azúcar refinada. Si era una rebanada de pastel, colocaba también unas cuantas uvas verdes en mi plato. No sé por qué hacia esto. Al igual que mi hija, simplemente poseía una forma natural de saber la mejor forma en que podía hacer la transición de un estado a otro.

Y tú también lo sabes.

Con el tiempo, mi cuerpo comenzó a obtener ese disfrute de lo dulce de las uvas verdes, quizá no con la misma intensidad que un pastel, pero sí lo suficiente. Después de incluso más tiempo, mi cuerpo comenzó a registrar no solamente el disfrute de un pastel cuando lo comía, sino también la confusión que traía a mi mente el estado maniático que producía en mi interior, seguido luego por un letargo físico. Comencé a no *desear* sentir eso. Mi cuerpo poseía la sabiduría innata de lo que yo realmente deseaba, y cuando le di la oportunidad de regularse por sí mismo, se activaron su inteligencia y propensión natural de auto cuidado.

Yo no tomé una actitud autoritaria hacia mi cuerpo: "¡Haz esto! ¡No hagas lo otro!". Sino que trabajé *con* mi cuerpo, convirtiéndolo en un aliado y no en un enemigo en mi proceso de sanación. Honré mis necesidades emocionales de ir dejando poco a poco mi forma disfuncional de comer demasiada azúcar refinada, reconociendo que mi apego hacia ella no se había formado en un día y necesitaría algún tiempo para acabarse. *Además,* me ofrecí el regalo de presentarle a mi sistema más opciones de comida sana, como si me estuviera preparando para una nueva relación. ¡Lo cual estaba haciendo!

Un médico me dijo en una ocasión: "Tu cuerpo no *desea* estar enfermo". Y *tu* cuerpo no desea estar gordo. Así como tu corazón sabe cómo palpitar y tus pulmones saben cómo respirar, tu cuerpo sabe cómo calibrar su peso para que sirva a su funcionamiento máximo como un todo. Pero las sustancias artificiales han creado en tu interior tus apetitos artificiales. Cuando le presentas a tu cuerpo sustancias naturales, tu apetito *natural* toma el control. Y como con todo lo demás, debes darle una oportunidad.

Esta lección involucra por lo tanto una visita al supermercado, para comprar una cosa y solamente una cosa. Tu tarea es comprar una fruta.

Puedes comprar cualquier fruta que desees. Pero debes honrar un ritual aquí, por lo cual sería mejor —si no tienes que comprar nada más durante esta visita al supermercado— que lo único que compres sea este artículo. Y es importante, si es posible, que tú mismo consigas la fruta en vez de pedirle a alguien que lo haga por ti. Tu implicación en todo el proceso hará que el ritual sea más impactante.

Lo primero que debes hacer al llegar a casa es lavar tu fruta. Lo segundo que tienes que hacer es observarla. Sencillamente, siéntate en una silla y obsérvala.

¿Has mirado realmente bien una pera? ¿O una granada? ¿O una manzana? ¿Has notado alguno de sus colores, forma o tamaño específico?

En una ocasión asistí a un seminario de parejas en donde el entrenador hacía que ambos miembros de la pareja simplemente se *miraran* el uno al otro. Ninguno de los dos podía decir ni una palabra. El ejercicio era *mirarse* el uno al otro. Y aunque puede parecerte que hay muy poca comparación entre la habilidad de observar a otro ser humano y tu habilidad de observar a una fruta, de hecho, hay una conexión. No importa qué estás observando; lo que importa es *que lo observes*. Y una de las razones por las cuales la comida sana te parece aburrida, una de las razones por las cuales te parece insuficiente, una de las razones por las cuales te parece poco deliciosa, es porque no la estás *observando*.

¿Hay algo que el hombre haya creado que pueda siquiera compararse con la majestuosidad de una montaña? ¿Hay algo que el hombre haya creado que pueda siquiera compararse con la belleza de una flor? ¿Hay algo que el hombre haya creado que pueda siquiera compararse con el poder de un río o la fuerza de una tormenta? Entonces, ¿por qué es que cuando se trata de comida, la gente ha desarrollado esta ridícula noción de que de alguna manera hemos superado a Dios? ¿Es que los alimentos procesados químicamente son de alguna forma *preferibles* a lo que la naturaleza nos ofrece?

Hay perfección en la naturaleza, perfección en ti y perfección en los alimentos tal como fueron creados por la naturaleza. Tu propia perfección es invocada por la perfección de la naturaleza. Una caminata en la naturaleza te calma y te restaura emocionalmente, y la comida natural te calma y te restaura físicamente.

Una vez más, si te sientes impulsado a comer productos procesados químicamente, hazlo entonces. El enemigo no es la comida, el enemigo no eres tú; el enemigo es tu obsesión de consumir comida perjudicial y de comer en exceso. Y por el momento, eso está bien. El enemigo obsesivo comenzará a disolverse mientras aprendes a ser más amigo de ti mismo.

Ir al supermercado y comprar esa fruta es algo *amistoso* que haces por ti mismo. Cuando comiences realmente a *observar* la comida, tu relación con ella comenzará a madurar. Y esta relación te va a premiar de formas que ni siquiera puedes imaginarte ahora mismo.

Las comidas procesadas, refinadas químicamente, pueden darte una sensación de euforia temporal, eso es comprensible. Pero luego, si comes en exceso, eso te produce molestias, enfermedades, desesperación, vergüenza y odio hacia ti mismo. Tú lo sabes, pero tómate un momento, solo un momento, para pensar verdaderamente en lo que eso significa. Recuerda que la velocidad es tu enemigo, ya sea comer demasiado rápido o pensar demasiado rápido. Permítete digerir lo que significa que *comer de forma malsana está destruyendo tu vida*.

Los elementos naturales, de temporada, los alimentos que provienen de las plantas como las frutas, los vegetales, las nueces y los granos enteros, restauran tu cuerpo, revitalizan tu mente, te dan energía, mejoran tu apariencia, reducen el proceso de envejecimiento, te hacen sentir más feliz contigo mismo, e incluso saben mejor que esas otras cosas, una vez que tus pupilas gustativas han sido restauradas, y mejoran tu relación con los demás debido a todo lo anterior. Ni siquiera te molestes diciendo no a lo que no deseas; solo intenta decir sí, aunque sea un sí débil y gastado, a lo que te ofrece la abundancia de la naturaleza.

Hace miles de años, hace cientos de años, y en algunos lugares incluso hoy en día, la gente consumía los alimentos que ellos mismos cultivaban. La comida era parte del ciclo natural de la vida, no algo que uno añadía a una existencia apresurada. La presencia de la comida en las vidas de las personas tenía estaciones, proporciones y ritmo. Esas personas no pertenecían a otras razas; eran tus ancestros. La huella de esa naturalidad está en tu interior basada en necesidades evolutivas creadas a través de millones de años e implantadas en tus células.

Tus células no han olvidado nada de esto; solo tú lo has hecho. Los animales saben instintivamente qué deben comer, y así lo sabe tu ser real. No estás escuchando la sabiduría de tu cuerpo cuando comes demasiado; estás *invalidándola*. Estás escuchando el parloteo en tu mente, pero no las necesidades de tu cuerpo. Mientras llegas a conocer a tu cuerpo de nuevo, mientras comienzas a relacionarte con él con un mayor respeto y honor, tu relación con tu sistema de apoyo natural también se fortalece. Pues eso es lo que la comida es: el sistema de apoyo del cuerpo. Lo mantiene sano y vivo. Abusar de él es abusar de tu cuerpo, y abusar de tu cuerpo es abusar de ti mismo.

Como siempre, una conexión con lo sagrado es la forma de reacondicionarte con las armonías naturales del universo. Sabiendo esto, toma ahora tu fruta que representa toda la comida sana con la cual deseas construir una nueva relación, y colócala en tu altar. Dedícala en tu corazón a la Divinidad que te creó y te sustenta. Agradece tu creación y tu sustento y pide que regreses a tu relación correcta con la comida.

Eso es todo lo que tienes que hacer. Dios hará el resto.

Reflexión y oración

Cierra tus ojos, respira hondo y profundo permitiendo que entres en el templo interior de tu mente. Ahí verás un altar sagrado rodeado de belleza invisible al ojo mortal.

Primero, observa el arreglo de mesa que está sobre tu altar, y ahora observa la fruta que has colocado en él. Visualiza cómo una imagen de la Divinidad —sea cual sea la imagen que se te ocurra— aparece ahora ante la fruta y la bendice. Luego el ser te entrega amorosamente la fruta. Después de pasar por manos santas, la fruta está ahora consagrada en todo lo que es bueno, sano, sabio y saludable. Visualízate tomando la fruta y colocándola en tu boca.

Permite que la meditación continúe durante todo el tiempo que te sientas cómodo. Escucha cualquier otro mensaje que la Mente divina tenga para ti. Sé testigo de las imágenes y de las ideas que iluminan tu mente mientras lo haces.

Querido Dios:
Por favor, bendice la comida
que se encuentra ante mí.
Que se llene de Tu espíritu
y me alimente con Tu amor.
Que me nutra
para que yo pueda nutrir a los demás.
Que jamás olvide a aquellos que no tienen qué comer.
Querido Dios,
por favor, también recuérdalos a ellos.
Amén

AMA TU CUERPO

El amor, y solo el amor, produce milagros. Tu labor principal al hacer este curso es identificar dónde hay falta de amor en tu vida, y estar dispuesto a abordarlo.

Esto incluye el amor por ti mismo, y tu cuerpo es parte de quien eres. Si amas a tu cuerpo cuando estás delgado, pero lo odias cuando no lo estás, entonces te amas condicionalmente, lo cual no es amor en verdad. Si no puedes amar a tu cuerpo, tampoco puedes amarte realmente.

"¿Pero, cómo puedo amar mi cuerpo cuando odio su aspecto?", podrías preguntar.

Comienza preguntándote: *¿Por qué* detestas tu cuerpo? ¿Por el sobrepeso? ¡El cuerpo no te hizo eso; tú se lo hiciste a él! Tú has estado abusando de tu cuerpo; tu cuerpo ha sido abusado por ti. No obstante, al contrario de lo que tú has hecho, tu cuerpo ha seguido manteniendo su parte en la relación. Ha seguido funcionando lo mejor que ha podido, por muy difícil que se lo hayas puesto. Ha soportado los kilos en exceso, aunque ha sido una dura carga. Y ha seguido apoyándote, a pesar de que a menudo tú has dejado de *apoyarlo*.

¿Es tu cuerpo lo que odias o su tamaño? Y puesto que todas las emociones negativas derivan del miedo, si odias tu cuerpo, debes temer algo. ¿Qué es? ¿Temes el ridículo? ¿O se trata de tu miedo más profundo —un miedo que va más allá de tu miedo a tener sobrepeso— a que serás castigado, si tratas de "tener éxito" en la vida? ¿Entonces, de qué tienes miedo?

¿Será cierto que odias tu cuerpo? O, ¿simplemente has *aprendido* a odiarlo porque alguien te hizo daño cuando estabas delgado?

¿Puedes recordar quién fue la primera persona que sintió envidia, odio o juicio hacia tu cuerpo? ¿Recuerdas el momento que miraste tu cuerpo y tomaste la decisión rápida de cubrirlo? ¿Fue ésa la única forma en que sentías que "pertenecías" a tu familia: cuando comías en exceso igual que tus padres y tus hermanos? ¿Era ésa la única forma de sentirte amado por tu familia: teniendo sobrepeso igual que ellos? ¿Te consideraban altivo o altanero por desear tener un cuerpo más delgado y más sano? ¿Había una persona en particular que te miraba de forma extraña o te decía algo fuera de tono cuando eras niño, haciéndote sentir vergüenza ante la idea de un cuerpo hermoso? ¿En qué punto, decidiste en tu subconsciente que no merecías estar delgado?

Puedes deshacerte ahora de los fantasmas en tu mente. Con la ayuda de Dios, puedes perdonar a aquellos que en su ignorancia pueden haberte llevado a un camino de dolor. Puedes ahora renunciar a tus creencias limitantes. Y puedes renovar y revitalizar todos los aspectos de tu ser.

Tu cuerpo no te ha hecho nada; simplemente ha reflejado la batalla tormentosa de tu mente. Con esta lección, trata de perdonar a tu cuerpo por lo que no hizo. Este es el primer paso para perdonarte por lo que tú *sí* hiciste. Es correcto decir que ha habido un gran malentendido, y que la meta de esta lección es reparar y restaurar la relación entre tú y tu ser físico.

Cuando naciste, tu cuerpo era perfecto. Así como tu ser espiritual se expresó a sí mismo de forma inocente y auténtica en el nacimiento, así lo hizo tu ser físico. Tanto física como espiritualmente, la huella perfecta de tu ser original no ha sido destruida; solo ha sido cubierta temporalmente por ideas impregnadas de miedo. Tu mente *y* tu cuerpo tienen la habilidad de regresar a su programación espiritual cuando los programas para hacerlo. Tu cuerpo jamás olvidó cómo ser perfecto; solamente has resistido su perfección.

Así como hay rituales y activadores cerebrales que producen que comas demasiado, también hay rituales y activadores cerebrales que hacen que comas sano. Estos rituales y activadores le *recuerdan* al cuerpo su perfección original para que pueda regresar de forma más fácil a su forma y funcionamiento perfectos.

Tu relación con la comida está relacionada con millones de años de evolución, pero también tu relación con tu cuerpo. Existe evidencia arqueológica —expuesta en cualquier exhibición de museo de artefactos antiguos— que desde hace miles de años la gente se adornaba con ropa, joyería y otros artículos. El deseo de aparecer hermoso es un impulso antiguo, no un truco inventado por los publicistas modernos para confundir tu mente. No obstante, existe amplia evidencia de que en varias culturas a través de los tiempos, la idea de la belleza ha sido increíblemente variada.

Para el propósito de este curso, llamaremos hermoso lo que es hermoso para *ti;* la clave es que tu deseo de ser hermoso es natural y es un sentimiento al cual tienes derecho.

Quizá temes estar delgado como resultado de una experiencia peligrosa de tu pasado, y solo ahora puedes enfrentar tu miedo y reemplazarlo con amor. De hecho, estar delgado no te hace inherentemente vulnerable al peligro. Sin embargo, tener sobrepeso, sí te hace vulnerable...: a la vergüenza, al odio hacia ti mismo, a las dolencias, al ridículo y a las enfermedades.

Comienza presentándote disculpas a ti mismo: como un sencillo movimiento en el interior de tu corazón, pidiendo perdón por haber maltratado un regalo tan divino y magnífico como tu cuerpo físico. Tu cuerpo no hizo nada para merecer el maltrato, ni tú tampoco. Pero desde hace muchos años, se iniciaron en tu interior patrones de abuso, y ahora debes reconocer esos patrones, asumir toda la responsabilidad por ellos, redimirte y pedirle a Dios que los elimine para que puedan ser desterrados de tu psiquis. Ciertamente, que hace mucho tiempo que no experimentas amor propio sano en relación con tu cuerpo, y éste es el milagro que ahora pedimos.

Seamos claros: si eres un adicto, el maltrato a tu cuerpo ha sido extremo. Ha sido violento. Si tienes alguna duda al respecto, detente un momento, ve a tu habitación, desnúdate frente a un espejo y obsérvate detenidamente. Verás las cicatrices de la guerra: estrías, bolsas flácidas de carne producidas por años de dietas sube y baja, quizá incluso cicatrices de cirugías. Tanto física como psicológicamente, has estado librando una batalla contra ti mismo por mucho tiempo.

Pero ahora es el momento de hacer las paces. Al igual que con tu relación con la comida, tu regreso a la relación correcta con tu cuerpo no es algo que puede ser logrado por completo en un instante. Sería muy engañoso esperar que esta relación se perfeccione por completo rápidamente, después de tantos años de negligencia. Sin embargo, es posible comenzar una tregua.

Comencemos.

Esta lección involucra un buen aceite, incluso puede ser aceite de oliva. La unción por medio de aceite es un ritual usado a lo largo de la Biblia, pues conlleva un significado espiritual profundo. Con esta lección, te ungirás con aceite.

Desde la planta de tus pies hasta las yemas de tus dedos de la mano, permítete apoyarte emocionalmente en tu cuerpo, y no sentir rechazo hacia él. Al desear perder peso, deseas que tu cuerpo haga algo maravilloso por ti; y como con cualquier relación, es sabio primero dar lo que deseas recibir. Sé generoso con *tu cuerpo*. Frota el aceite en tu cuerpo con aceptación, con amor si puedes, y con pesar si es necesario... pero no le prives de este regalo. Toma tiempo con cada centímetro de tu cuerpo, prestando atención a cada extremidad, cada curva, cada cicatriz y cada articulación. No te apresures. Acepta, afirma, pide perdón y perdona.

Estás aprendiendo a comenzar de nuevo. Estás entrenando tu mente a prestarle la atención apropiada a tu cuerpo y a respetarlo, en la forma en que lo alimentas, en que lo cuidas, en que lo adornas y en que lo usas. Este ritual marca el final de una relación abusiva y el comienzo de una relación digna.

Sería imprudente realizar este ritual en una habitación desordenada o en un baño atiborrado. Tanto el desarreglo como la obstrucción son reflexión de una mente afligida, y tú mereces más que eso. Por lo menos por ahora, recoge y embellece el área donde vas a cubrirte de aceite. A menos que estés de pie en una ducha, coloca una linda toalla debajo de ti. Por favor, no una que esté gastada ni tenga manchas. Estás desarrollando el hábito de la belleza; el proceso es tan importante como la meta, porque la meta es, a fin de cuentas, *inherente* al proceso.

Recuerda que los antiguos reyes y reinas realizaban este ritual, y la energía que invocaban cuando lo hacían —gracia, fortaleza, poder y belleza— es la misma energía que estás invocando ahora. Dicha energía es una constante eterna del universo; no es solamente algo que se le otorga a unos pocos afortunados, sino una energía que comparece ante todo el que la invoca.

Tu ser real *es* poderoso y hermoso, un ser de luz en el centro del universo, colocado ahí bajo el auspicio de la divinidad, legítimamente orgulloso, majestuoso y jubiloso. No importa lo que las experiencias del mundo hayan hecho para convencerte de lo contrario, este es un curso para reclamar las verdades que siempre han sido ciertas.

Después de realizar tu ritual, envuélvete en una toalla, y cuando se haya secado el aceite, colócate una bata muy linda o cualquier otra prenda suave sobre tu cuerpo. Siéntate y permítete integrar la experiencia de reconectarte con tu cuerpo. Medita, escucha música o haz algo que te relaje y te dé paz.

Ahora sigamos. Es hora de mover tu cuerpo.

Las personas con sobrepeso a menudo han renunciado a moverse y a ejercitarse, con una actitud resignada y desesperada de "¿y para qué?". Y es muy comprensible. Pero era tu ser anterior el que tenía esas actitudes y el que produjo tu antiguo cuerpo. Puede ser que tu cuerpo siga viéndose igual, pero ya *no* es el mismo. Ahora está surgiendo tu nuevo ser y de ahí surgirá un nuevo cuerpo. A tu ser real le encanta moverse, igual que a tu cuerpo cuando le permites expresarse naturalmente. Al reconectarte con tu cuerpo, vas a aprender a *escucharlo*.

De nuevo, no te exijas demasiado. Esta lección no te pide que corras un kilómetro a la redonda ni que salgas de inmediato y te afilies a un gimnasio. Diez minutos haciendo un ejercicio que disfrutes es mejor para ti ahora mismo, que una hora de ejercicio que detestes. Hasta que puedas llegar a una posición en donde te sientas bien respecto al ejercicio, en lugar de usarlo como instrumento de culpa, no estarás listo para más. El propósito que le atribuyes a algo determina su efecto en tu vida. No puedes empujarte a la fuerza hacia un proceso de amor propio. La palabra clave aquí es *gradual* y la paciencia es el proceso.

Lo único que te pedimos es que salgas a dar una caminata.

No se le ha otorgado el valor suficiente al acto de salir a caminar. Incrementa tu metabolismo y te ayuda a reconectarte contigo mismo. Hace que tus músculos se muevan, le envían a tu cuerpo un mensaje diferente al que recibe cuando está sentado todo el día. Te coloca *en* tu cuerpo. Has repudiado emocionalmente a tu cuerpo desde hace mucho tiempo, y ahora es el momento de recuperarlo.

Cuando camines, no cuentes calorías. No te obsesiones sobre lo mucho que puede o no puede ayudarte a perder peso. Esta caminata no se trata sólo de tu cuerpo; sino de tu espíritu. Se trata de dónde te estás alejando al caminar y hacia dónde te estás dirigiendo. Estás caminando ahora hacia tu destino..., tu futuro, tu belleza y tu felicidad. Es en sí un ritual de renacimiento.

Quizá le has dado demasiada comida a tu cuerpo, pero muy poco amor verdadero y cuidado. Ahora aprenderás a cambiar eso. Cuando asumes un enfoque amoroso hacia tu cuerpo en general, se desarrolla con más facilidad un enfoque amoroso hacia la comida.

Visita un museo y observa las pinturas que tienen más de cien años. Advierte la belleza de los cuerpos... ¡a pesar de que no iban al gimnasio! Ellos no hacían ejercicio como una parte separada de la vida, refunfuñando pero haciéndolo de todas maneras para verse bien. No. El movimiento adecuado, que corresponde al ejercicio, ocurrió de forma natural como parte de vivir bien. Y eso es lo que deseas que sea para ti.

El ejercicio no es un castigo que tienes que soportar como el precio que pagas para estar delgado. Más bien, es un aspecto de la relación correcta con tu cuerpo, algo que le das a cambio por lo que él hace por ti. Tu cuerpo *desea* moverse; el movimiento ayuda a los músculos, a tu corazón, pulmones y cerebro. Dale a tu cuerpo lo que realmente quiere, y éste te dará lo que *tú* realmente quieres.

Hablando de sabiduría antigua, el yoga —una práctica hindú milenaria— posee una forma casi milagrosa de reconectar el cuerpo con el espíritu. Es una conjunción poderosa de energía física y espiritual, que puede ser tan suave o tan intensa como lo desees. Los movimientos sencillos de yoga hacen que sea una práctica particularmente buena para el comedor compulsivo en recuperación, pues comienza con posturas básicas que de una forma muy fácil te ponen en contacto con tu propio cuerpo. Restaura tu funcionamiento físico de formas sorprendentes, incluyendo tu apetito por la comida. Aunque los científicos no han descubierto por completo por qué funciona tan maravillosamente bien; todo aquel que practica yoga siente sus beneficios.

Repito, no tienes que inscribirte para una serie de clases, ¡exigiéndote demasiado y disponiéndote de nuevo a una derrota! Más bien, comienza despacio. Hay enlaces a videos de yoga en el Internet, y abundan los programas de televisión sobre yoga. No tienes que comenzar con una clase de una hora en algún sitio. Consigue un tapete para yoga. Regálate eso.

Mira un video de yoga y por dos minutos intenta una de las posturas que ves. Esos dos minutos te ofrecen un beneficio que no habías experimentado el día de ayer. Y cuando dos se convierten en cinco, cinco se convierten en diez, y diez se convierten en un deseo genuino de asistir a una clase de yoga, tu cuerpo comenzará a despertarse al recuerdo que es parte de un universo perfecto.

Tu relación con tu cuerpo ha sido perjudicada y no vale la pena pretender que no es así. Como una pareja separada, estás tratando ahora de reunir tu ser interior con tu ser exterior. Y en el proceso —mientras reconstruyes tu relación con tu cuerpo— te despertarás a la idea de lo alentador que tu cuerpo realmente es, lo poderoso que realmente es y lo amoroso que realmente es. Se toma más de un día lograr este tipo de relación dulce y deliciosa con tu cuerpo, relación a la cual tienes todo derecho, pero ya has comenzado. Y como con cualquier relación, ahora debes nutrirla. No solo con comida sana, sino con gentileza, movimiento y amor.

Coloca tu botella de aceite en tu altar como una señal de tu unción: unción de cuerpo y alma.

Reflexión y oración

Con tus ojos cerrados, pide guía a la Mente Divina. Visualiza tu cuerpo, tal como es, caminando hacia ti. Advierte tus reacciones ante él, y donde no haya amor deja que éste comience a fluir. Permite que un proceso místico de amor y perdón ocurra, mientras tu alma comienza a habitar tu cuerpo de una forma totalmente nueva. Permite que tu espíritu impregne tu cuerpo, y sé testigo de cómo tu cuerpo comienza a tomar una nueva forma por sí mismo. Visualiza un elixir de luz dorada vertiéndose sobre todo tu cuerpo. Siente el milagro de este nuevo comienzo. Inhala y exhala el aire profundamente y entrégate por completo.

Querido Dios:
Que pueda perdonar a mi cuerpo,
y que mi cuerpo me perdone.
Repara mi relación
con este receptáculo de mi alma.
Perdóname por abusar de él.
Restaura mi mente a la cordura
y mi cuerpo a su forma apropiada.
Sáname milagrosamente,
querido Dios.
No puedo hacer esto por mí mismo.
Amén

ENTRÉGATE POR COMPLETO A LA DIVINIDAD

Trata de ponerte en manos de la divinidad, pero no sólo para perder peso, sino también para sanar tu mente. Aunque perder peso es tu meta principal, debes entregar todas tus cargas antes de soltar esos kilos de más de tus caderas. Un apetito descontrolado se origina en tu mente, no en tu cuerpo. Mientras tu mente está frenética buscando comida, tu estómago con frecuencia se queja diciendo: "Por favor, no más".

Casi todo el mundo se siente en algún momento demasiado estimulado..., presionado..., ansioso..., temeroso de algo. Las personas lidian de forma distinta con la ansiedad, algunas formas son sanas y otras no. Como comedor compulsivo, obviamente comes en exceso para calmar el monstruo de la ansiedad. Usas la comida para calmarte, sin embargo, la calma que logras comiendo demasiado es en el mejor de los casos, temporal. La reacción química que se activa en tu cerebro cuando comes pastel o un trozo de pan, o cualquier otra cosa, no es diferente a la euforia de un drogadicto cuando introduce en sus venas la jeringa. Tu ansiedad siempre regresará con toda su fuerza, a través de tu estrés físico y tus sentimientos de culpa.

Comer demasiado es para ti como una montaña rusa en una casa del terror:

1. *Ansiedad:* "Siento ansiedad por mi empleo [matrimonio, deudas o lo que se te ocurra]".

2. *Esfuerzo por conseguir la calma:* "Voy a comerme esta bolsa de papas fritas".

3. *Ansiedad:* "No puedo creer que me haya comido esas papas".

En este punto, haz duplicado tu ansiedad: tienes la misma situación estresante, *además* del estrés de haberte ido a pique en tu lucha con la comida.

4. *Esfuerzo por conseguir la calma:* "Me pregunto qué más habrá por ahí de comer".

5. *Ansiedad:* "Me siento muy mal. Soy un verdadero fracaso. Me odio".

Y la montaña rusa continúa...

La única forma de romper este círculo es analizándolo. La única forma verdadera de domar tu ansiedad es disolviéndola. La única forma de calmar tu histeria es atravesándola hasta llegar a la fuente de la paz interior; y la única fuerza lo suficientemente poderosa para llevarte a ese lugar y mantenerte ahí es la Mente Divina.

Muchas personas acuden a Dios cuando ocurre un desastre, sin embargo lo verdaderamente inteligente es invocarlo *antes* de la aparición del desastre. No reces una vez que tu automóvil se ha caído en una zanja; comienza ahora antes de salir de tu casa. La Mente Divina no solo es tu consuelo después del problema, también es una medida preventiva que ayuda a mantener a raya los problemas. Tu tarea es alinear tu mente mortal con la Mente Divina, puesto que el miedo puede aferrarse a lo mortal pero no a lo divino.

Cuando invocas a la Mente Divina, no estás invocando un poder fuera de ti. Estás invocando un poder que reside en tu interior. El espíritu es una perfección que yace en el interior de todas las cosas, protegiéndolas del caos y reafirmando la armonía ante la aparición del caos.

El Espíritu crea tu peso perfecto porque hace que *todo* sea perfecto. Tu peso es una de las muchas áreas de tu vida que caerán en el orden divino y perfecto, una vez que comiences a prestarle más atención y cuidado a todas las cosas divinas.

Tú no puedes deshacerte de tu compulsión, pero el Espíritu sí puede. Y lo más importante: una vez que se lo pides, Él lo hace. Eliminará tu hambre disfuncional alimentándote con lo que realmente deseas.

¿De *qué* tienes verdaderamente hambre?

Durante tres días, escribe esto en las páginas de tu diario, 30 veces en la mañana y 30 veces en la noche:

Querido Dios, por favor sacia mi hambre y restaura mi mente correcta.

Querido Dios, por favor sacia mi hambre y restaura mi mente correcta.

Querido Dios, por favor sacia mi hambre y restaura mi mente correcta.

Querido Dios, por favor sacia mi hambre y restaura mi mente correcta.

Querido Dios, por favor sacia mi hambre y restaura mi mente correcta.

Querido Dios, por favor sacia mi hambre y restaura mi mente correcta.

Querido Dios, por favor sacia mi hambre y restaura mi mente correcta.

Querido Dios, por favor sacia mi hambre y restaura mi mente correcta.

Querido Dios, por favor sacia mi hambre y restaura mi mente correcta.

Querido Dios, por favor sacia mi hambre y restaura mi mente correcta.

Querido Dios, por favor sacia mi hambre y restaura mi mente correcta.

Querido Dios, por favor sacia mi hambre y restaura mi mente correcta.

Querido Dios, por favor sacia mi hambre y restaura mi mente correcta.

Querido Dios, por favor sacia mi hambre y restaura mi mente correcta.

Querido Dios, por favor sacia mi hambre y restaura mi mente correcta.

Querido Dios, por favor sacia mi hambre y restaura mi mente correcta.

Querido Dios, por favor sacia mi hambre y restaura mi mente correcta.

Querido Dios, por favor sacia mi hambre y restaura mi mente correcta.

Querido Dios, por favor sacia mi hambre y restaura mi mente correcta.

Querido Dios, por favor sacia mi hambre y restaura mi mente correcta.

Querido Dios, por favor sacia mi hambre y restaura mi mente correcta.

Querido Dios, por favor sacia mi hambre y restaura mi mente correcta.

Querido Dios, por favor sacia mi hambre y restaura mi mente correcta.

Querido Dios, por favor sacia mi hambre y restaura mi mente correcta.

Querido Dios, por favor sacia mi hambre y restaura mi mente correcta.

Querido Dios, por favor sacia mi hambre y restaura mi mente correcta.

Querido Dios, por favor sacia mi hambre y restaura mi mente correcta.

Querido Dios, por favor sacia mi hambre y restaura mi mente correcta.

Querido Dios, por favor sacia mi hambre y restaura mi mente correcta.

Escribe esto a mano en vez de hacerlo en una computadora. Es muy importante que trates de escribir esta oración 30 veces cada mañana y cada noche, pues la combinación de escritura y oración tiene un impacto significativo en tu psiquis.

Cuando rezas así, no le estás pidiendo a Dios que te quite tu deseo de comida, y ciertamente no le estás pidiendo que aleje tu hambre. Lo que le estás pidiendo es que elimine tus antojos —ya sean antojos obsesivos o menos obvios, esa sensación más sutil pero siempre presente de "tengo que comerme esto"— para quitarte para siempre esa carga que llevas en tu espalda.

Puede ser que hayas construido muchas represas para evitar que el agua de tus antojos inunde tu psiquis y produzca desastres en tu paisaje interno. No obstante, siempre, a fin de cuentas, la represa terminará por romperse y el agua entrará con toda su fuerza. Ahora le estamos pidiendo a Dios que reoriente el agua. Que la aleje y la mantenga alejada para siempre.

Cada vez que comas durante el día, ejercita el poder de la oración diciendo internamente: *Querido Dios, por favor sacia mi hambre y restaura mi mente correcta.*

Ya sea que estés comiendo apio o galletas, *solo repite la oración.* Ya sea que pienses que esto es algo poderoso o un disparate, *solo repite la oración.* Ya sea que lo hayas venido haciendo con cada bocado durante el día o que hasta ahora recuerdes hacerlo, *solo repite la oración.*

Aunque estés comiendo todo un pastel, puedes orar mientras comes. Visualiza en el ojo de tu mente a un ángel sentado contigo. El ángel no está ahí para juzgarte, sino para ayudarte. La oración puede no producir un paro inmediato a tu antojo, eso es cierto. Pero comenzará a desmantelar el proceso.

Una dosis de antibióticos tampoco destruye tu infección desde el primer día, tienes que terminar todo el tratamiento. Si tienes una infección, no dices después de tomar una dosis: "Sigo teniendo tos, obviamente esto no está funcionando". La oración es medicina espiritual. Estimula tu sistema inmunológico espiritual incrementando la profundidad de tu entrega a Dios. Es irrelevante que "creas" o no que esto funciona. No tiene importancia lo que pienses sobre entregarte por completo en manos de la divinidad. Lo único que importa es que lo hagas.

Comer demasiado es una batalla que libras contra ti mismo; el Espíritu es el poder que te *salva* de ti mismo. Es un remedio de esperanza. Cuando pones tu mente en manos de la Fuente de todo lo bueno, las fuerzas disfuncionales no pueden mantenerse durante mucho tiempo. Al igual que el ejercicio físico, el ejercicio espiritual funciona, si lo haces. Ponerte en manos de la divinidad es una cuestión de disciplina mental: te entrenas para poner a Dios en primer lugar. Esto no es difícil; simplemente es diferente. En todas las cosas, la entrega total espiritual marca el final de la batalla y el comienzo de la verdadera calma.

En el preciso momento en que estás lidiando con una ansiedad compulsiva, incluso la fe religiosa más profunda puede volverse inútil ante el poder de la adicción. Con esta lección, aprenderás a cultivar la disciplina mental de invocar a Dios como una práctica regular. No invoques a la Mente Divina para ayudarte solamente en un momento de necesidad, sino más bien como una forma de cultivar y mantener la serenidad. Esta lección te ayudará a desmantelar tu resistencia a hacer esto. Te empoderará para atravesar tu histeria y terminará por disolverla restableciendo tu conexión con la fuente de la paz interior.

En los momentos en que *no* te entregas por completo al amor, eres esclavo del miedo. Cuando no estás consciente y activamente invocando la luz, eres vulnerable a la oscuridad. Y es la luz, no la oscuridad, lo que anhela tu espíritu. Espiritualmente, deseas perder peso, no solamente para tener menos carne, sino para convertirte en *más espíritu*. Cada momento que comes de forma inapropiada es simplemente un momento en el que anhelas el amor del Espíritu, no puedes encontrarlo donde existe en verdad y por lo tanto luchas para encontrarlo en otros lugares.

Estás aprendiendo a mirar fijamente a los ojos al miedo hasta hacerle bajar la mirada. A buscar el Espíritu y sentir que te responde. A pedir que tu mente se sane y a experimentar el resultado. Estás despertando a tu poder espiritual.

Un día, irás hacia el refrigerador, abrirás la puerta y te descubrirás buscando solo aquello que es bueno para ti. Caerás en la cuenta de que te estás conduciendo, sin siquiera pensarlo, de una nueva manera. Estás buscando comida sana y apropiada, y nada más. Un patrón se ha interrumpido, algo que no hiciste que ocurriera conscientemente a través de un acto de voluntad. Representa una nueva sinapsis, un nuevo patrón emergiendo, y por lo tanto una nueva esperanza. Tú hiciste tu parte, y Dios hizo la suya.

Pero no puedes pedir ayuda divina en un área de tu vida, si no estás dispuesto a poner *todas* las áreas de tu vida en manos de Dios. No puedes entregar solamente la comida; debes tratar de entregar todos tus pensamientos y sentimientos. Pues cada pensamiento y sentimiento contribuye a tu enfermedad o a tu sanación.

La entrega total espiritual es una voluntad a toda prueba de liberarte de todo —toda idea, todo patrón y todo deseo— aquello que impide que el amor entre en ti y se extienda a través de ti. Si no eres bondadoso, eso bloquea tu sanación. Si no perdonas, eso bloquea tu sanación. Si eres deshonesto, eso bloquea tu sanación. Todos los asuntos de tu vida están relacionados de alguna manera con tu lucha con la comida. Nada está separado de quien eres y de lo que estás manifestando. Y eso es lo que hace que este asunto en tu vida sea una invitación a convertirte en tu ser más hermoso: no solamente en el exterior, sino también en el interior.

Recuerda colocar tu diario de regreso en tu altar cuando termines. Esto estimulará la energía de tus oraciones.

Reflexión y oración

Al igual que en la Lección 3, cierra tus ojos y visualiza tu cuerpo impregnado de luz. Una vez más, cada célula se llena de un elixir proveniente de la Mente Divina. El espíritu te rodea mientras tú te entregas por completo en los brazos del amor.

Mantén esta imagen durante por lo menos cinco minutos. Exhala tus cargas e inhala la luz. Visualiza cómo la luz se vierte sobre tu cuerpo y se extiende hacia fuera desde tu carne hasta que quedas totalmente cubierto de un brillo dorado. Continúa con esta visualización mientras te sientas cómodo haciéndolo.

Sigue el plan de comida que te funcione. Pero sea lo que sea que comas, pon en manos del Espíritu tu experiencia.

No es posible cometer errores. No importa lo que comas, visualízalo como una experiencia divina, y con el tiempo esta experiencia será transmutada. La clave no es lo que comas o no comas, o si haces o no ejercicio. La clave es convertir tu relación con tu cuerpo, con la comida, con el ejercicio y con todo en una experiencia espiritual.

> *Querido Dios:*
> *Yo sé que Tú sabes*
> *que debo ser restaurado.*
> *Cuando se trata de la comida,*
> *estoy muy alejado*
> *de la sabiduría de mi cuerpo*
> *y del amor en mi corazón.*
> *Me agobia la idea*
> *de sanarme yo mismo,*
> *por lo que te pido, querido Dios,*
> *que Tú lo hagas por mí.*
> *Cambia mis pensamientos,*
> *sana mis células,*
> *repara mi apetito,*
> *restaura mi cuerpo.*
> *Te entrego mi devoción,*
> *y te doy las gracias, querido Dios.*
> *Amén*

RESIDE EN TU CUERPO

No recuerdo, cuando era muy joven, si odiaba mi cuerpo *o* lo amaba. Simplemente recuerdo residir en él con inocencia y gozo natural infantil. Cuando era niña, recuerdo que me paseaba alegremente por mi casa en ropa interior, alardeando de mis calzoncitos plisados. Recuerdo que usaba un bikini, en esa época lo llamábamos traje de baño de dos piezas, y todavía no tenía senos para llenarlo. Recuerdo que era tan pequeña (o tan tejana) que no usábamos la palabra "desnudo", sino la palabra "en pelotas", y sin embargo no había nada sexual ni vergonzoso al respecto.

Más tarde, no obstante, algo ocurrió. No me ocurrió en un momento traumático; sino gradual e insidiosamente, como ocurre con muchas personas. Nunca fui acosada sexualmente, ni quedé psicológica ni emocionalmente traumatizada por un evento específico. Más bien, fue una acumulación de momentos tóxicos que se convirtieron en una inmensa ola de ansiedad que impregnó mi mente y convirtió mi cuerpo en un punto de confusión.

Por razones que permanecieron enterradas en mi subconsciente durante mucho tiempo, me mantuve alejada emocionalmente de mi cuerpo. De muchas fuentes, tanto en lo personal como en lo cultural, entraron en mi mente formas de pensamiento retorcidas con las cuales yo sabía que la única forma de lidiar era alejándome de esa parte de mi ser con las que estaban relacionadas. Lo que en una ocasión había sido para mí una fuente de placer, se había convertido en un tema doloroso. Simplemente, me disocié de aquello que no podía comprender. Mi cuerpo se convirtió en una casa en la que yo ya no vivía.

Para algunas personas, la disociación desde un sentido natural y sano con su cuerpo ocurre como resultado de un evento o de una experiencia traumática. Para otras, la adolescencia misma es traumática. A fin de cuentas, no importa tanto *cómo* ocurrió el trauma, siempre y cuando repares la herida que esa carencia ha dejado en tu interior. Aquello que se ha roto en tu cuerpo comenzó con una ruptura en tu corazón. Si eres comedor compulsivo, hay muchas probabilidades de que la historia de tu relación con tu cuerpo sea complicada, pero con esta lección, identificarás tus heridas con el fin de enfrentar mejor tu dolor.

Ya se ha establecido muy bien el carácter delictivo de las violaciones sexuales, el acoso sexual y asuntos similares, así como nuestra necesidad de protegernos como sociedad contra dichas transgresiones. Pero el más mínimo asalto de formas de pensamiento tóxicas puede conllevar también a serias consecuencias. Ya sea que tu historia personal involucre un trauma repentino o gradual, tu misión es comprenderlo para poder sanarlo.

Como ejemplo, en las siguientes páginas he listado la historia personal que me llevó a mi propia disociación de mi cuerpo. Tu lista puede ser diferente de muchas maneras, pero también puede ser muy similar a la mía. Lo que tenemos en común la mayoría de nosotros es que compartimos una crisis psicológica que se produjo cerca de la pubertad. Los pensamientos de inocencia se convirtieron en pensamientos de dolor, y aquello que era sano comenzó a ser considerado como malsano.

Pensamiento enfermizo #1: *Mi cuerpo no es lo suficientemente bueno.*

Yo leía la revista *Seventeen*, por lo que estaba completamente segura de esto. Había muchas niñas que tenían más curvas, eran más altas, más sexys y otras cosas. Mariana tenía los senos más grandes, Diana tenía el pelo más bonito y Juliana tenía ese *no sé qué* que a los chicos les encantaba.

Consciente: Mi cuerpo es feo. No es lo suficientemente bueno.

Subconsciente: Mi cuerpo merece ser castigado.

Pensamiento enfermizo #2: *Mi cuerpo inquieta a los adultos, por consiguiente debe haber un problema con mi cuerpo.*

No tenía idea por qué mi maestra de inglés de séptimo, quien parecía adorarme, empezó a actuar de forma tan extraña conmigo una vez que mi cuerpo comenzó a desarrollarse. Tenía la vaga idea de que su extraña actitud tenía algo que ver con mi cuerpo y mi floreciente sexualidad, pero no había nadie ni nada que me guiara a través de los caprichos y las explosiones de la pubertad.

A comienzos de mis treinta, fui a hablar con esta maestra para enfrentarla respecto a lo que yo había experimentado con ella y para preguntarle si sencillamente me lo había imaginado. Ella me dijo —y llegará el día en que yo lo entienda— que yo no tenía ni idea de lo que significaba ser una mujer observando cómo su propia sexualidad se desvanecía, mientras jovencitas a su alrededor comenzaban a florecer en su propia sexualidad.

Mi maestra no tuvo la intención de hacerme daño; ella no me rechazó conscientemente; solo sentía un desilusión natural —una desilusión que no sabía cómo procesar excepto proyectándola en los demás— relacionada con una situación que no tenía nada que ver con mi vida y todo con la de ella.

También recuerdo que mi maestro de música se quedó mirando fijamente mis senos en una ocasión durante una lección de piano. Esto ocurrió antes de que hubiera una conciencia social respecto a estas cosas como hoy en día. Solo se quedó mirándome fijamente, pero si estás sentado en el piano y una niña está de pie junto a ti, estás mirando muy de cerca.

Cómo me hubiera gustado retroceder en el tiempo y haberle dicho su merecido. Murió antes de que yo tuviera la oportunidad, pero si hubiera podido, lo habría ido a ver para enfrentarlo de la misma manera que con mi maestra de inglés de séptimo.

Consciente: Los adultos actúan conmigo de forma extraña ahora que mi cuerpo ha cambiado.

Subconsciente: Mi cuerpo debe ser malo.

Pensamiento enfermizo #3: *Mi papi ya no quiere estar tanto cerca de mí.*

Las actitudes de mi padre respecto al sexo y a la sexualidad —¡aunque ciertamente no muy recatadas cuando se trataba de mi madre!— eran de alguna forma muy anticuadas. Era como si quisiera que sus hijas se vistieran siempre de encaje rosa con guantes blancos hasta mucho tiempo después de que nuestras edades o la moda lo dictaran. Parecía de alguna manera incómodo con mi floreciente sexualidad, sin embargo yo no tenía idea de qué significaba eso o qué hacer con eso. ¿Cómo hubiera podido?

Recuerdo una ocasión —supongo que muchas mujeres tienen este tipo de recuerdos— en que fui a sentarme sobre el regazo de mi papá y él hizo que me levantara y me sentara en otra parte. Éste fue un instante fugaz, pero devastador para mí. Aunque ahora comprendo que representaba lo que sería un acto razonable de parte de los padres cuando las niñas que ya no son tan pequeñas se sientan sobre su regazo. Lo único que supe en ese entonces fue que una vez que superé la pubertad, mi padre comenzó a mirarme de una forma muy diferente. Yo sentía como que yo ya no estaba *bien* ante sus ojos, como si yo lo avergonzara de alguna manera.

Mi padre siguió llevándome los domingos al zoológico mucho tiempo después de que la idea de ir al zoológico fuera mi mejor plan para un domingo. Parecía que la única forma en que sabía relacionarse conmigo era si yo seguía siendo una niña pequeña.

La falta de habilidad de mis padres para ayudarme en esta transición —y en la suya propia— a través de mi donce-llez arquetípica no fue producto de su falta de amor por mí, sino de su ignorancia psicológica respecto a cómo lidiar con esta experiencia. Aquí no hay nada que perdonar; simple-mente hay que comprender.

Consciente: Mi papi no me trata como antes.

Subconsciente: Lo que soy ahora hace que mi papi se aleje de mí. Mi nuevo cuerpo es algo malo.

Ahora bien, justo en la época en que mi papi no parecía querer estar cerca de mi nuevo cuerpo, algunos muchachos jóvenes sí querían. Y puesto que yo me sentía afligida ante lo que parecía ser la pérdida del amor de mi padre, subcons-cientemente buscaba a mi alrededor cómo reemplazarlo. Añádele a eso la llamada liberación sexual de la década de los 60, y ahora entiendo cómo fui condenada hacia una seria confusión y una conducta autodestructiva. Como millones de otros, fui a buscar amor en demasiados lugares, casi ase-gurándome de encontrarlo en muy contadas ocasiones.

No obstante, muchas de mis experiencias fueron positivas. Hay un momento profundamente arraigado en mi memoria que es una parte preciada de mi pasado.

Una hermosa tarde, iba paseando por el parque Hermann en Houston. Llevaba una falda pantalón roja estampada de puntos blancos, la cual puedo recordar como si fuera ayer. Probablemente tenía unos 16 años. Un joven de aproximadamente la misma edad pasó a mi lado, y me miró de una forma inocente y apropiada, aunque decididamente masculina.

Nunca había experimentado algo así antes. Mi cuerpo ahora poseía una carga sexual, y el joven tenía la edad suficiente para advertirlo. Ya no era un niño, y yo ya no era una niña. Pero la energía era maravillosa, ni lasciva ni agresiva, y nuestro encuentro momentáneo ha permanecido en mí como uno de mis recuerdos más preciados. Ni siquiera hablamos, pero en ese momento, sentí por primera vez que era una mujer y no una niña.

La experiencia del parque fue algo precioso, como una imagen encantada de un cuento de hadas. Pero no era la realidad de la vida cotidiana. Ni siquiera llegué a conocer a ese joven. El valor de la experiencia fue que me mostró una ventana hacia la belleza inocente e ideal de mi propia sensualidad inmaculada. La vida me ofrecería experiencias positivas de mi propio aspecto físico. Pero el propósito de este inventario no es solamente celebrar lo bueno; sino también desarraigar lo malo, viéndolo, comprendiéndolo y perdonándolo.

Pensamiento enfermizo #4: *Mi cuerpo es lo que atrae el amor.*

Ahora sé que mi cuerpo no atrae el amor; lo *sé*. Mi cuerpo atrae *atención*, pero no necesariamente atrae amor. Es mi espíritu y no mi cuerpo lo que magnetiza y mantiene el amor.

Vivimos en una sociedad que le otorga a la química sexual un papel más grande del que realmente tiene en el gran esquema de las cosas, y todos hemos estado sujetos a esta peligrosa conclusión. La química sexual es obviamente importante, porque sin ella la raza humana no podría perpetuarse. Pero la idea de que si *soy lo suficientemente sexy, él me amará* es un error trágico de pensamiento. Si soy lo suficientemente sexy, él podría *desearme*, eso es cierto, pero que me ame o no está basado en algo, mucho, mucho más allá de lo que ocurre en la cama.

Suena extraño considerarlo ahora, pero gran parte de la "liberación" sexual de los 60 no era en absoluto una verdadera liberación para las mujeres. Nos liberamos para *tener* relaciones sexuales, pero lo hicimos principalmente como un método para complacer a los hombres. Todavía no nos habíamos dado cuenta —ni tampoco la mayoría de los hombres en esa época— de que nuestro verdadero valor yacía en algo mucho más importante que nuestra sexualidad. Eso comenzó a cambiar fundamentalmente en los 70, no en los 60.

Consciente: El sexo es divertido.

Subconsciente: Si lo practico lo suficiente, me amarán.

Pensamiento enfermizo #5: *Mi valor no tiene nada que ver con mi cuerpo. Todo mi valor radica en mi mente.*

Una vez que se aplicó la corrección, nos fuimos por completo al otro extremo. La idea peligrosa de que el cuerpo de una mujer era todo lo que la convertía en atractiva se reemplazó por la idea igualmente peligrosa de que su *mente* era lo único que la convertía en atractiva. Millones de nosotras nos creímos la idea de que el atractivo sexual simplemente representaba un papel en las fantasías chovinistas masculinas que reducían a la mujer a objetos sexuales. Fue en ese entonces que creímos que era divertido quemar nuestros sostenes, dejar de rasurarnos las piernas o axilas, rehusar a que los hombres nos abrieran las puertas... y luego al final del día... hacerlo como conejos, por supuesto.

Saber que nuestro valor yace en mucho más que solo la apariencia de nuestros cuerpos fue por supuesto un gran logro. Pero el hecho de que el cuerpo de una mujer no es la esencia de su valor, tampoco significa ¡que su cuerpo no tenga ningún valor!

Pensar, como muchas de nosotras pensamos en aquellos días, que cualquier celebración masculina de nuestra apariencia era una traición al ideal feminista —aunque obviamente disfrutábamos de esa celebración una vez que se apagaban las luces— creó inevitablemente una ambivalencia psíquica y una disociación. Por otro lado, éramos lo suficientemente jóvenes como para disfrutar de las fascinantes sensaciones de la sexualidad juvenil. Al mismo tiempo, pensábamos que la única forma de estar verdaderamente a la moda era negar su importancia.

Consciente: Mi sexualidad no es lo que es importante sobre mí.

Subconsciente: Mi cuerpo no es importante.

Fue en esa época más o menos que comencé a comer de forma compulsiva. En adición a lo anterior, estaba la soledad de mis años universitarios, durante los cuales añadí los siete kilos típicos de primíparos que dicha experiencia a menudo acompaña. Para entonces ya estaba bastante embarcada y me dirigía de lleno a la oscuridad del infierno en lo relacionado a la comida, en donde permanecí por casi una década.

Un curso de milagros nos enseña a tener cautela ante el poder de una creencia no reconocida. He llegado a comprender, que basada en mi propia historia personal, yo poseía la creencia no reconocida de que mi cuerpo no era bueno, no era digno de amor, ni siquiera era importante... y luego me preparé, inconscientemente, a probarme que tenía la razón.

La disociación del cuerpo, por la razón que sea, no te priva solamente de disfrutar de la comida sana, sino además de identificarte con tu propio cuerpo. La disociación es cuando tú te ves aquí, y tu cuerpo está *allá*. Es una sensación de que de alguna manera estás separado de tu cuerpo, lo cual es una división trágica del ser.

Estoy muy consciente de que el trauma gradual de mi propia historia con mi cuerpo no es nada comparado con lo que otras personas han podido haber experimentado. Para aquellos que han sufrido de abuso físico, sexual o de cualquier otro tipo, un terror abrumador ha provocado una necesidad abrumadora de escaparse del dolor a cualquier precio.

En realidad, muchos comedores compulsivos no residen en su cuerpo, sino que más bien flotan por encima a unos quince o treinta centímetros, recreando una respuesta antigua —trágicamente necesaria en alguna ocasión— a una experiencia devastadora como haber sido azotados o violados. Esta experiencia puede que se remonte a los primeros días de la infancia, incluso hasta los tres o cinco años.

Según un estudio de la Universidad de la Escuela de Medicina de Pensilvania, al menos 33% de las niñas de los Estados Unidos han sido acosadas sexualmente, y las investigaciones descubrieron una conexión entre el acoso sexual y la obesidad en sus primeras etapas.

Para muchas personas, un mecanismo de escape instintivo, que se desarrolló originalmente como respuesta a ese tipo de abusos, ahora se activa como un interruptor en reacción a casi cualquier forma de estrés. El subconsciente da la orden: "¡Escápate! ¡Escápate!". Y el niño o la niña que se sentía impotente de escaparse físicamente, desarrolló la capacidad de escaparse psicológicamente.

Cuando el niño se convierte un día en adulto, la orden de "¡escápate!" sigue existiendo, no solamente en reacción al peligro, sino también en reacción a casi cualquier forma de molestia física o emocional. Esto aplica dolorosamente, y quizá particularmente, a una reacción a la intimidad sexual.

El sexo sano requiere que residas verdaderamente en tu cuerpo, y en el caso de una víctima de abuso sexual, eso sería como entregarse ante un aviso de peligro. Si en un momento de trauma profundo, tu espíritu permitió que tu cuerpo se escapara de la realidad de la experiencia, y nunca llegaste a entrar en él de forma constante, entonces, ¿cómo escapas de tu escapismo para poder estar presente en el sexo? Esto obviamente puede ser muy difícil.

Comer en exceso se convierte, para aquellas personas disociadas de sus cuerpos, por la razón que sea, en una forma de recrear el escape original del dolor y la confusión. En un momento de adormecimiento inducido químicamente, puedes sentir: "Ah, logré escapar...". Recreando el escape anterior de tu trauma físico, una vez más dejas tras de ti el campo del dolor... aunque sea por un momento. *Un curso de milagros* enseña que tú creas aquello contra lo que te defiendes. Al defenderte contra un trauma físico, has creado uno nuevo: el trauma de comer demasiado.

La lección de hoy comienza a desenmarañar esta ruta de horror, el sendero instintivo por el que sigues caminando en un esfuerzo para lidiar con el dolor y el estrés. En estos días, tu estrés puede parecer una tontería comparado con el abuso físico que soportaste cuando niño; puede ser algo tan mundano como tener que recoger a los chicos en la escuela, llevarlos a tiempo a su partido de fútbol y llegar a la tintorería antes de que cierren. No obstante, tu mente subconsciente sigue interpretando el estrés como peligro y reacciona a él de esa manera. "¡Debo salir de aquí!". Es todo lo que sabes. Y te "escapas" en la comida.

Tu tarea ahora es escribir tu propia historia personal: donde las cosas salieron bien y donde las cosas salieron mal. Explora cómo llegaste a disociar, temer y quizá odiar a tu cuerpo. Y no esperes que esto sea fácil. Algunas de estas cosas pueden ser divertidas, otras pueden ser atemorizantes, otras ridículas, y algunas pueden ser extremadamente dolorosas. Lo importante es que seas honesto y franco.

Escribiendo tu historia llegas a entenderla mucho mejor. Y al entenderla mucho mejor, emergerás de la oscuridad de tu esclavitud subconsciente hacia los miedos que nacieron en un pasado distante. Estos miedos pueden ser disueltos hoy a través de la gracia y del amor. Haciendo esta lección, comenzarás el proceso.

Usa las páginas de tu diario para escribir tu historia, prestando total atención a los recuerdos buenos y a los malos. Regresa el libro a tu altar cada vez que termines de escribir.

Reflexión y oración

Cierra tus ojos y relájate en un estado meditativo. Durante este tiempo, permite que tu mente regrese a tu experiencia de cuando eras bebé, cuando empezabas a caminar, cuando eras un niñito o niñita y así sucesivamente.

Durante cada fase de la meditación, permítete ver cómo lucías en cierta época de tu vida, cómo te sentías respecto a tu cuerpo, las cosas por las que tuviste que pasar, quién estaba involucrado, cuando las cosas salieron bien, cuando te hicieron daño, cuando te volviste inconsciente al respecto, cuando te disociaste de tu cuerpo, cuando comenzaste a odiar tu cuerpo, las actitudes que formaste respecto al sexo, cuando decidiste cubrir tu cuerpo de grasa, y demás. Te darás cuenta que tus asuntos relacionados con la comida finalmente tienen muy poco que ver con la comida y mucho que ver con tus ideas respecto a ti mismo.

Esta no será una meditación rápida ni casual. Hay muchos sentimientos de tu pasado que han permanecido sin procesar..., muchas experiencias que todavía no has observado a través de los lentes del tiempo y el perdón... y muchas personas, incluyéndote a ti mismo, a quienes no has llegado a comprender. Usa este curso como un camino para que comprendas ahora lo que nunca antes pudiste comprender.

Querido Dios:
Te entrego mi pasado
y te pido que me lo expliques.
Desenreda, querido Dios,
las cuerdas de la confusión
que me atan.
Libérame de la esclavitud
de la ceguera y la falta de comprensión.
Regrésame, querido Dios,
a la sensación de que mi cuerpo
es Tu verdad, y la de nadie más,
que es sagrado y no impuro,
es amoroso y no castigador,
es alegre y no doloroso,
es sano y no enfermo.
Por favor, querido Dios,
disuelve mi pasado y regrésame a mi
ser inocente.
Amén

CONSAGRA TU CUERPO

Tu cuerpo no está separado de tu mente, sino más bien es un reflejo de ella. Cuando cambias tu mente, cambias todas las células de tu cuerpo.

Pensamientos tales como *estoy gordo, soy feo* y *odio mi cuerpo* son como órdenes que le das a tu cuerpo para que se materialice de acuerdo a esto. Si piensas de forma negativa respecto a tu cuerpo, tu cuerpo reflejará tu negativismo. Si piensas en tu cuerpo de forma amorosa, tu cuerpo reflejará tu amor. Y no existen pensamientos neutros. Lo que no es amor, es un ataque. Y lo que sí *es* amor, es un milagro.

Consagremos entonces tu cuerpo para que sea usado como un propósito sagrado. El propósito sagrado es el amor y solo el amor, y cuando consagras tu cuerpo al amor, todo lo que no es amor ya no puede aferrarse a él. Todo aquello que es dedicado al propósito del amor queda protegido de la energía del caos.

Escribe esta frase: *Mi forma de comer apoya mi servicio al amor.*

Es una buena frase, por cierto, para colocarla como una nota en la puerta de tu refrigerador.

Con esta lección, adoptas una nueva percepción de tu cuerpo para manifestar una nueva realidad física. Comienza cada día con una oración:

Querido Dios:
Al despertarme hoy,
que mi cuerpo y mi mente sirvan tus propósitos.
Que nada excepto tu Espíritu
pueda tocarme.
Que mi cuerpo sea un templo de tu Espíritu
y un canal de amor.
Amén

Al dirigirte a la cocina, las voces del amor y del miedo estarán borboteando en tu interior. El miedo hará que desayunes cosas que te hacen daño, productos llenos de carbohidratos refinados, azúcar y así por el estilo. O que no desayunes en absoluto. De esa manera te costará más trabajo sentir la ligereza de tu espíritu, y por consiguiente el propósito de tu miedo será consumado. Pero, ¿qué comerías si el único propósito de tu cuerpo hoy fuera servir el propósito del amor? ¿No desayunarías ligero y sano para apoyar a tu cuerpo mientras realiza la labor de Dios?

Comienza hoy a cambiar tu cuerpo considerándolo como un templo de tu alma. Tu cuerpo es como un traje infinitamente precioso. No es esencialmente quien eres, pero puede ser un recipiente sagrado de tu espíritu.

Las cosas de este mundo son solamente sagradas o profanas dependiendo del propósito que la mente les otorgue; el propósito sagrado de tu cuerpo es servir a tu comunión amorosa con la vida misma. Eso es lo que significa consagrar tu cuerpo. Honrar tu cuerpo, tratarlo bien, cuidarlo y protegerlo de todo daño es honrar la divinidad honrando la misión espiritual de tu cuerpo. El propósito sagrado de *todo* aquello que haces en el mundo es honrar la divinidad, y tu cuerpo es la base física de todo lo que haces.

En una lección anterior, comenzaste a evaluar los ataques psicológicos a los cuales tu cuerpo ha estado expuesto a lo largo de tu vida. Con esta lección, comenzarás a cambiar la interpretación de tu cuerpo de lo dañado a lo sagrado. Tanto tu mente como tu cuerpo pasarán por una iniciación espiritual, transformando primero la mente y luego el cuerpo. La mente cambiará y el cuerpo la seguirá.

Tu cuerpo no fue creado para albergar tus miedos, sino para albergar tu amor. Y en tu corazón, tú lo sabes. Tu anhelo más profundo no es sólo que tu cuerpo se vea bien, sino que tu cuerpo *sea* bueno. Con esta lección, anhelarás que esto sea cierto, convertirás tu intención para que así sea, te expandirás hacia una voluntad de que así sea, invitarás a la Mente Divina a ayudarte para que así sea... y así será.

Tu tarea es ahora consagrar tu cuerpo, no como una intención general, sino más bien como una orden real de tu conciencia a tu mente subconsciente. Escribirás tus impresiones amorosas con el fin de contener y aprovechar su poder.

En la última lección, escribiste sobre tu pasado; en ésta, escribirás sobre tu presente. En cualquier momento o a cualquier hora en que tu cuerpo esté dedicado al propósito del amor, te sentirás menos tentado ante los propósitos del miedo.

Comencemos con lo que sería un día típico. Escribe las siguientes categorías:

1. Al despertar

2. Desayuno

3. Actividades de la mañana

4. Almuerzo

5. Actividades de la tarde

6. Cena

7. Actividades nocturnas

Ahora escribe dos versiones de esta lista.

Primero, escribe lo que haces ahora. Sé honesto contigo; nadie tiene que leerlo. Escribe todo lo que haces en el transcurso del día. Describe un día típico en tu vida: lo que comes, lo que haces con tu vida, cómo te sientes cuando lo haces, lo que piensas de los demás, y así por el estilo.

Si lo realizas demasiado rápido, anotando simplemente "hice esto" o "hice lo otro", no recibirás el gran valor que conlleva esta lección. Tu tarea —y el regalo que te estás dando ti mismo— radica en ser completamente honesto sobre la forma en que vives actualmente. Esta lección te brinda la oportunidad de observar la habitación donde está el control mental de tu vida y observar la forma en que programas tu experiencia.

Enseguida, escribe una segunda descripción de tu día. En esta ocasión, no obstante, la rediseñas conscientemente. No escribas simplemente lo que estás haciendo o cómo te sientes al respecto; más bien, describe tu día desde la perspectiva de tu mente superior. Escribe sobre la vida que *eliges,* en vez de una vida impotente ante los efectos de los patrones habituales emocionales y de conducta. Cuando escribes esto, eliges ser *tu ser real*: un canal del amor de Dios que está aquí para extender amor y realizar la labor de amor sobre la tierra. Permite que el amor dicte tus propósitos y tus planes para el día.

Esto no será necesariamente fácil —incluso habrá momentos en que te sentirás un poco tonto— porque te estás entrenando para que tus pensamientos fluyan en una dirección diferente a la que están acostumbrados. Sin embargo, ésta es la idea. Cuando creas el espacio para el amor en todas las áreas de tu mente, creas un espacio para el amor en todas las áreas de tu vida.

Escribe sobre el día que acaba de pasar o el día que está próximo a llegar. A continuación encontrarás un ejemplo de un rediseño consciente:

1. Al despertar

Al despertar, no dejo pasar mucho tiempo antes de comenzar a orar. Le agradezco a Dios por el día de hoy y le pido que todo lo que haga en el día esté al servicio del amor. Oro por mi familia, mis amigos, mi país y el mundo. Pongo en manos de Dios mi día y le pido que lo bendiga y que yo sea una bendición.

Les doy los buenos días cariñosamente a todos los que veo. Mis amigos o familiares que viven conmigo, o todas las personas que están en mi casa esta mañana, reciben un saludo agradable de mi parte. Por medio de una sonrisa, un abrazo, una palabra positiva; ofreciéndoles un jugo de naranja, hago lo posible para ser una presencia amorosa en sus vidas.

Desde cepillar mi cabello hasta ponerme una linda bata, desde preparar el desayuno para mis hijos hasta animar a mi cónyuge; desde abrir una ventana o una puerta para respirar la belleza de la nueva mañana, celebro y magnifico la bondad que me rodea.

Cuando hay silencio, aprovecho la oportunidad para leer las Escrituras o algún tipo de literatura estimulante, para orar y meditar, para reflexionar y contemplar todo aquello que es amoroso y divino, y conscientemente pongo mi día en manos de Dios.

Cuando tengo tiempo, hago algo amoroso por mi cuerpo como levantar unas pesas ligeras, hacer yoga o dar una caminata corta. Hago esto como una bendición para mi cuerpo, sirviéndole agradecida como él me sirve a mí. Aunque no haga ejercicio por un largo rato, hago algún tipo de movimiento. Hago esto a diario para ayudar a mi corazón y mis pulmones y otros órganos vitales, permitiendo que mi piel reciba el alimento del sol, estirando mis músculos para hacerlos y mantenerlos fuertes... cuidando mi cuerpo para prepararme para la alegría y para servir mejor al mundo.

Advierte ahora lo diferente que es esta programación de lo que el miedo puede haber puesto en tu mente. Las ideas de la mente divina están a 180° de distancia de las ideas del mundo, y tú decides —y es tu responsabilidad hacia ti mismo— cultivar o no las ideas que te estimularán para elevarte por encima de tu ser atormentado.

Si el miedo domina tus ideas —si tus intenciones no son amorosas sino algo parecido a *Oh demonios, otro día igual al anterior..., no se pueden preparar su propio desayuno..., no me importa lo que él haga..., no me importa mi aspecto..., solo quiero comer algo..., no le debo nada a nadie..., no quiero tomarme tiempo para rezar..., no quiero tomarme tiempo para caminar..., odio mi vida..., ¿qué voy a sacar con todo esto?..., no hay nada que me cause alegría*— no esperes entonces que tus apetitos físicos hagan otra cosa diferente a reflejar el miedo que está en tu mente. Y para ti, el miedo ha tomado una forma específica: la compulsión de comer de forma inapropiada.

Te parecerá en ocasiones que no tienes control sobre tu necesidad de comer; y para todos los propósitos prácticos, muchas veces no lo tienes. Pero *siempre* tienes libre albedrío sobre lo que piensas, y cuando comienzas a *pensar* de forma distinta, con el tiempo comenzarás a *comer* distinto. Tu compulsión se disolverá en la presencia de la divinidad.

2. Desayuno

Alimento mi cuerpo esta mañana con nutrición amo-rosa. No lo perjudico con comidas y bebidas malsanas; más bien, lo sustento con comidas o bebidas sanas que sé que le brindarán vitalidad a mis células.

Con esta comida ayudo a mi cuerpo a que tenga más energía y sea más saludable, así como a estar más alinea-do con el espíritu en mi interior. Mi cuerpo es un templo sagrado; lo alimento alegremente con alimentos que apo-yen mi propósito divino en el mundo.

3. Actividades de la mañana

Paso mi mañana haciendo cosas que contribuyen a mi bienestar y a la luz de mi familia, mi comunidad y mi mundo. Uso mi cuerpo como instrumento de paz, mien-tras tengo el propósito de compartir la paz con los demás. Mi cuerpo me sirve para hacer el bien y vivir de forma gozosa.

En cada momento, inhalo la perfección del universo y exhalo todo elemento tóxico de mi mente y de mi cuerpo. Mi cuerpo me apoya manifestándose como una fuerza po-sitiva ante todo aquel con quien se encuentra. Mi cuerpo es un templo en el cual mi espíritu reside, apoyándome para extender amor a todo aquel que veo.

En el trabajo, pido ser solo un instrumento de paz. Pido por todos aquellos con quienes trabajo o con quienes me encuentro. Pido por su felicidad y su bienestar. Perdo-no rápido y trato de no juzgar a los demás.

Pongo mi trabajo en manos del espíritu y le pido que mi trabajo sea para el bienestar de todos. Siento las célu-las de mi cuerpo despertarse cuando pienso en estas cosas; siento mi cuerpo llenarse de energía cuando lo aplico para los propósitos del amor en el mundo.

Cuando hago mis labores, le pido al espíritu que convierta cada actividad mundana en un acto de bondad. Cuando lavo la ropa de mi familia, pienso con amor en los seres queridos cuya ropa estoy a punto de lavar, y siento gratitud por la ropa que poseo. Cuando voy al supermercado, agradezco que pueda costear las cosas básicas que necesito. Cuando paso a recoger algo para un miembro de la familia o hago alguna labor para alguien más, pongo en manos de Dios cualquier resentimiento y le pido que me permita sentirme más ligero al respecto. Sé que mi cuerpo está respondiendo a todos los pensamientos que tengo, y decido pensar con amor. De esta manera, mi cuerpo recupera su salud y su plenitud.

4. Almuerzo

Cuando suspendo mis actividades para almorzar, le agradezco a mi cuerpo por la forma en que me ha servido hasta hoy, y me comprometo de nuevo con su sustento y nutrición. Uso el almuerzo como una oportunidad para nutrir no sólo mi cuerpo, sino también mi alma, Me mantengo lejos de ambientes frenéticos y cultivo la paz mientras como.

Compro comida sana o la traigo de casa. Estoy consciente de que las elecciones malsanas abundan en el mundo que me rodea. No juzgo esas opciones, pero tampoco participo en esta debilidad cultural consumiendo comidas malsanas, aunque sea lo más fácil y disponible para mí. Elijo esto porque sé que es mejor para mi cuerpo y para mi mente. Comprendo que mi cuerpo es un templo sagrado y merece solamente comida nutritiva y reconstituyente.

Agradezco en silencio por mis alimentos: a todas las personas que contribuyeron a la fabricación y a la preparación de mis alimentos, a la tierra por lo que me ha dado y a Dios por el simple hecho de tener algo para comer.

5. Actividades de la tarde

Elijo darle un descanso a mi cuerpo para que tenga la oportunidad de recargarse. Durante mi día, asumo la responsabilidad de encontrar la forma de tomar, aunque sea un breve periodo de tiempo, para que mi cuerpo y mi alma puedan realinearse con el Espíritu, desterrando el estrés de un mundo que se mueve demasiado rápido. Permito que mi cuerpo realice algún tipo de movimiento en la tarde con el fin de revitalizarse. Incluso dar una vuelta alrededor de la manzana es bueno para mi cuerpo y lo programa de una forma sana.

Sigo ofreciéndole afirmaciones positivas de amor y ánimo mientras avanzo durante el día, agradeciéndole a Dios el milagro de mi cuerpo y dedicándolo continuamente al propósito del amor.

Antes de la cena, tomo tiempo para orar, descansar, meditar, hacer yoga, tomar un baño, encender unas velas o incienso en mi habitación, y, además, darle a mi cuerpo y a mi alma la oportunidad de soltar el estrés después de un día muy ocupado.

Valoro el descanso y reconozco su importancia. Sé que solamente yo soy responsable de cultivar un estilo de vida que apoye mi salud, bienestar y serenidad. Sé que mi cuerpo puede reaccionar con una conducta compulsiva si dejo de crear activamente un ambiente pacífico. Rodeo mi cuerpo de paz para que pueda estar en paz.

6. Cena

Mientras preparo la cena, dedico este tiempo tan importante al bienestar y al amor. Me preparo interiormente para ser un vehículo de la bondad del amor. La bondad de mi familia reunida alrededor de la mesa. La bondad de mi compañero o compañera que llega a un ambiente amoroso después de un día estresante. La importancia de que

*mis hijos sepan que alguien los espera para alimentarlos
y escucharlos a la hora de la cena.*

*Durante la cena, rechazo conscientemente el estímulo
frenético del mundo. Apago la televisión y las computa-
doras e insisto en que mis hijos hagan lo mismo. Preparo
una hermosa mesa, quizá con velas o flores frescas. Doy
las gracias antes de la cena e incluyo a mi familia. Asumo
la responsabilidad de un ambiente sano mientras como,
porque sé que dicho ambiente apoya los hábitos sanos.*

*Cuando cocino, cuando me visto, en mi conducta,
y cuando me relaciono con los demás, pido ser una influencia positiva sobre aquellos que amo. Me alimento
con comida sana, con palabras sanas, de sana energía a
los demás y a mí. Veo la comida que consumo como una
forma de agradecer y servir al cuerpo que me ha sido otorgado milagrosamente, y para alimentar a aquellos que
amo con actitud y devoción.*

7. Actividades nocturnas

*Me siento agradecido por haber comido lo suficiente-
mente ligero como para sentir energía y tener una noche
productiva. Aprovecho mi tiempo para profundizar en mis
relaciones, atender las necesidades emocionales de mi familia, expandir mi mente, incrementar la participación
en el mundo que me rodea y ahondar en los misterios de
la vida que surgen con mayor claridad en las horas de la
noche. Si el clima lo permite, aprovecho la oportunidad
para caminar, con la esperanza de ver las estrellas en el
cielo nocturno.*

*Una taza de té de hierbas es mi compañera nocturna,
apoyándome para apaciguar mi sistema físico mientras
se acerca la hora de dormir. Permito que mi cuerpo y mi
alma me revelen sus necesidades y uso estas horas para
concluir mi día en forma positiva. Atiendo las necesidades de las personas que me rodean, honrando mi papel
como padre, madre, pareja y amigo.*

Disfruto mi vida tal como es, honro sus exigencias y honro mis deseos. Tomo el tiempo para comprender en profundidad lo afortunado que soy y me comprometo a vivir cada día más a plenitud. Agradezco por haber vivido este día y le envío bendiciones al mundo.

Al principio podría parecer que una descripción así de positiva es simplemente ficción. Y si has vivido la vida de un adicto activo, esto podría ser cierto. Pero al escribir una descripción distinta de tu vida, creas una línea de posibilidades que no existían antes. No subestimes el poder de tu mente para reprogramar tu experiencia.

Los criterios iluminados de la mente contrarrestan los hábitos disfuncionales. Un solo momento de comprensión interior —mientras das una vuelta por el pabellón de comidas del centro comercial a la hora del almuerzo y comprendes con una claridad impresionante que las principales comidas que ofrecen *son malas para ti y que tú puedes elegir de forma diferente,* observando a los demás y comprendiendo que la sanación de tus hábitos disfuncionales está ligada íntimamente con el amor que ofreces— te lleva a otro momento de comprensión interior, ofreciéndote un escape de tu relación infernal con la comida.

No es suficiente simplemente leer lo que yo escribí en las últimas páginas. Con el fin de recibir el beneficio de esta lección, debes escribir una descripción de tu propio día. Comienza por escribir algo sobre tu vida presente —describiéndolo simplemente tal como es— y luego lo lees. Permítete ver la brecha entre el miedo actual y el amor en potencia. Reconoce la frecuencia con la que tus pensamientos son débiles, basados en el miedo, y casi con toda seguridad te producen una disfunción.

Ahora escribe una nueva declaración de intención. Un manifiesto de amor hacia todas las cosas que harás durante tu día, y permítete dirigirte suavemente hacia eso. No tienes que hacer nada nuevo, sino más bien imaginarte algo nuevo. Esta nueva arquitectura de tu vida no tiene el propósito de tiranizarte, sino de liberarte.

Una nueva forma de comer, una forma que te transforme fundamental y permanentemente, puede ser solo creada en el contexto de una nueva forma de ser. Tu deseo de comer de forma diferente es un llamado sagrado para que lleves toda tu vida a un nivel más profundo. Si todavía no te sientes así, está bien. Pero de todas maneras escríbelo, porque ése es el primer paso. Y, por supuesto, regresa tu diario al altar cuando hayas terminado.

Reflexión y oración

Sentado en silencio con tus ojos cerrados, visualiza el día ante ti. Con cada acción que sabes que escogerás, visualiza activamente cómo te habrías comportado según tus patrones pasados. Ahora pídele a la Mente Divina que te revele las posibilidades de un ser más iluminado.

Visualiza las cosas que haces; ahora observa más cosas amorosas que *podrías* hacer, o cómo las harías de una forma más amorosa. Visualízate hablando con agresividad o negativismo, si eso es lo que tiendes a hacer; ahora obsérvate hablando de forma gentil y amable. Visualízate comiendo de forma inapropiada, muy rápido, excesiva o secretamente; ahora obsérvate comiendo de forma apropiada y cuidándote. Cuando le permites al Espíritu que te muestre una nueva forma de vivir, visualizas naturalmente con el ojo de tu mente una nueva forma de comer. Imaginas cómo se ve y se siente alimentar a tu cuerpo de forma amorosa, permitirle a la comida ser parte de una matriz más grande de amor en tu vida. Al imaginar esto, al mantener la visión, y permitir que la visión cobre vida en tu interior, gradualmente comenzarás a experimentarlo.

Querido Dios:
Por favor, enséñame a vivir en el amor.
Que una nueva forma de comer
se produzca naturalmente de una nueva forma de ser.
Te dedico no solo mi apetito,
sino cada parte de mi ser.
Donde el miedo me ha bloqueado,
que el amor ahora me libere.
Por favor enséñame, Señor,
a vivir mi vida
bajo la luz del amor,
donde el miedo ya no tenga cabida.
Amén

HAZ UN RITUAL
DE TU CAMBIO

Tengo una amiga llamada Kathy para quien comer sano es un arte. Su ejemplo ha tenido más impacto en mi mentalidad y en mi conducta de lo que ella se imagina, pues me siento, en sus palabras, "inclinada" hacia una dieta más sana. No se trata tanto de una meta como de ser parte del proceso. Me doy cuenta que ella es uno de mis mejores regalos: una amiga cuya manera de comer está fundamentada en principios naturales, nutritivos y espirituales.

Kathy me ha invitado a comer a su casa en varias ocasiones, y en consecuencia, he llegado a ser testigo de lo que hay en su refrigerador y en la alacena de su cocina. Su mundo de vegetarianismo estricto es como un universo misterioso para mí. No tomo notas... pero observo y hago preguntas. No salgo corriendo a convertirme en vegetariana, pero he profundizado mi comprensión respecto a mi conexión entre la espiritualidad y mi forma de comer. Es innegable que haber conocido a Kathy ha tenido una influencia sutil, pero poderosa en mi opinión sobre la comida.

Como estudiante de *Un curso de milagros,* sé que las relaciones son tareas dispuestas por un universo amoroso, que le brindan a cada uno de los involucrados la oportunidad de un crecimiento del alma. Alguien que te inspira a comer de forma más sana es una figura importante en tu vida. Kathy apenas me habla sobre su pasión por la comida sana —de hecho, parte de su poder es que ella no intenta presionar a los demás—pero su presencia es como un faro de luz conforme me oriento hacia una dieta más sana.

Esta lección trata de que encuentres tu propio Inspirador, tal como Kathy es la mía. Ya se trate de que comas en exceso o que sencillamente desees comer mejor, es muy poderoso tener un ejemplo a seguir.

Tu Inspirador es similar a lo que los programas de 12 pasos llaman un patrocinador. Puede ser alguien que ya se ha sanado de la compulsión por la comida y ahora te inspire en tu propia sanación. Esta persona puede ayudarte a navegar a través de las tentaciones que tú enfrentas, puede entender por lo que tú estás pasando en formas que otras personas nunca entenderían. O puede ser alguien que jamás ha sufrido de un asunto de peso en absoluto, pero sencillamente demuestra una manera de ser con la comida y con su propio cuerpo de la cual puedes aprender. Es más lo que tu Inspirador demuestra ahora, que lo que haya podido haber experimentado en el pasado, lo que hace que este individuo se convierta en un símbolo de esperanza para ti a medida que avanzas en tu camino. Su simple presencia te demuestra lo que es posible.

Una vez que has identificado a tu Inspirador, le pedirás que participe en una ceremonia de iniciación personal que marque el comienzo de una nueva fase en tu vida. Esta iniciación no es un adiós a tu ser compulsivo, sino un llamado al Espíritu de tu verdadero ser. Rituales como éste tienen una forma de arraigar lo sagrado. Una vez que tus respuestas psicológicas estén impregnadas del Espíritu, te sentirás personalmente más capaz de hacer verdaderos cambios.

La ceremonia de iniciación es sagrada, y las personas a quienes les pides que participen contigo son importantes. Les vas a pedir que te "respalden" mientras realizas este cambio importante: la jornada de una pérdida de peso consciente.

Es consciente porque vas más allá de sencillamente dejar ir el sobrepeso: es liberarte de una parte de tu personalidad para la cual comer en exceso y autodestruirse ha sido algo natural. Perder peso no solamente es eliminar las dinámicas indeseadas de tu mente.

Estás construyendo nuevas sinapsis en tu cerebro, nuevas rutas en tu sistema nervioso, y nuevas formas de pensamiento en tu repertorio de resolución de problemas. Este proceso —cuando ya no estás a la merced de tus hábitos descontrolados, y te otorga el dominio de tu cuerpo— convierte en una iniciación espiritual tu camino para alejarte de la compulsión por la comida.

Con esta lección creas una ceremonia, a través de la cual pasas de ser la persona débil del pasado a un ser nuevo y fortalecido. Esta jornada es de alguna manera una muerte espiritual y un tipo de renacimiento. El aspecto de tu ser que ha tenido que luchar con el peso desaparecerá, y el aspecto de tu ser que está libre de dicha lucha emergerá del éter de una conciencia más espiritual.

Al estar de acuerdo con recrear el papel de tu Inspirador, esta persona contribuirá voluntariamente con su buena disposición y apoyo en tus esfuerzos por perder peso. Tu Inspirador podrá incluso no hablarte sobre tu lucha nunca más una vez que se termine tu ceremonia de iniciación, o podrá escucharte incondicionalmente y sin juicio día tras día. De cualquier manera, esa buena disposición permanecerá como un símbolo de esperanza y un sendero de excelencia a seguir.

En silencio o verbalmente, este individuo te ofrece un apoyo e inspiración que bendecirá tu jornada.

¡Basta ya! de mirar a las personas delgadas y sentir envidia o una punzada de odio hacia ti. Ahora que tienes un Inspirador, comenzarás a cambiar tu percepción de aquellos para quienes el peso no es un problema y más bien comenzarás a verlos como tus maestros. Ellos te enseñan con su ejemplo. Observarlos ya no te hará sentir dolor, sino más bien un sentido de la posibilidad de alegría. Tu Inspirador será un ejemplo de alguien cuyo peso sano te invita hacia el tuyo propio.

No obstante, tu Inspirador es solamente la mitad de tu equipo. Hay alguien que es igual de importante en tu ceremonia de iniciación, y se trata de tu Permisor.

Esta es una persona con quien compartes un lazo diferente y único: alguien que ha experimentado la relación infernal con la comida al igual que tú. Esta persona está preparándose interiormente hacia su propia jornada de sanación, o, como tú, ya ha comenzado a tomar acción consciente respecto a su pérdida de peso. El papel del Permisor está aquí para garantizarte el permiso emocional de liberarte del ciclo de comer compulsivamente, incluso si eso significa decirle no a las relaciones sociales disfuncionales de las cuales te has hecho dependiente.

La mente basada en el miedo es fantástica construyendo aliados, pero son aliados en tu sufrimiento. A menudo nos descubrimos colaborando subconscientemente con otras personas que comparten las mismas heridas que nosotros, apoyándonos inconscientemente por medio de la justificación y la negación. Las alianzas pueden ser redes poderosas de apoyo y estímulo, pero en manos de la mente basada en el miedo, son todo menos eso.

Quizá toda tu familia tiene sobrepeso y juzgan tu decisión de liberarse del patrón familiar como un tipo de traición.

"¿Quién te crees que eres para pensar que te puedes volver delgado? ¿Quién crees que eres para comer de forma diferente? ¿Crees que nosotros no sabemos comer bien? ¿Crees que eres mejor que nosotros?".

Este tipo de presión social de parte de amigos o familiares puede ser mortal en su poder, reforzando tu convicción de que tu problema es intratable y jamás podrás eliminarlo. ¿Cómo puedes liberarte de patrones disfuncionales de comida, si es probable que al hacerlo puedas herir los sentimientos de los demás o te arriesgas a perder su amor?

Por consiguiente, el Permisor es alguien muy importante, puesto que por medio de rituales te permite liberarte de las cadenas que te atan. Esta persona puede decirte con sinceridad genuina que desea que te vaya bien en tu jornada hacia la pérdida de peso consciente, y que está feliz de que hayas encontrado tu camino hasta este punto. Esta persona te absuelve de todas las culpas que puedas sentir al dejar atrás a otras personas al dar este paso. Por el contrario, este individuo te felicita y te agradece por ser un ejemplo de liberación para aquellos que también están listos para liberarse.

Tu petición, tanto a tu Inspirador como a tu Permisor, debe hacerse con seriedad de intención, pues este paso no es un asunto insignificante. Debe estar muy claro que lo único que les pides es (1) presencia y participación en tu ceremonia de iniciación, y (2) buena disposición constante. No obstante, la petición debe hacerse a personas que sabes en tu corazón que se unirán a ti en este esfuerzo, en un estado mental serio y sincero.

Si en este momento no se te ocurre ningún miembro posible para tu equipo de iniciación, está bien. Solo permite que el deseo de encontrarlos permanezca vivo en tu corazón. Llegará el momento, ya sea en un minuto o en unas semanas, cuando aparecerá como un brillo en tu mente quiénes serán las personas perfectas para estas dos tareas. Cuando estés listo, sus nombres surgirán. Quizá no salgas corriendo a pedírselos, sino que permitirás que el espíritu en tu interior te guíe en el proceso. No hay ninguna prisa en todo esto; más bien, estás aprendiendo a sintonizarte con un flujo más natural de las cosas.

No es un accidente que dicha sintonización redunde también en un flujo más natural en tu forma de comer. Desde quién formará parte de tu equipo, el libro que podría aparecer en tu vida para ayudarte a dar el siguiente paso, hasta qué tipo de comida será un regalo para ti en vez de una fuente de dolor, el universo te apoya en tu sendero hacia la salud y la sanación. No es porque tú seas especial, ni porque comer en exceso sea algo diferente de otras formas de sufrimiento. Es porque el universo mismo es una expresión del amor divino.

El universo es un trabajo perfecto de un genio infinito, siempre creativo, sustentador de vida y restaurador. Y su principio de perfección está integrado en todo. Cuando realineas tu mente con tu espíritu, cada célula de tu ser regresa a su perfección natural; y con el tiempo te guiará hacia cada respuesta apropiada, cada elección correcta y cada bocado sano de comida.

Estás comenzando un nuevo capítulo en cultivar tu expresión más elevada como ser humano. Estás embarcándote en una jornada hacia tu ser superior, una jornada que te liberará y te mantendrá libre.

Vamos ahora a realizar el ritual de tu cambio.

Con tu Inspirador y tu Permisor a tu lado, ve a tu altar y toma la fruta que habías colocado ahí en la Lección 6. (Para fines de este ejercicio vamos a decir que se trata de una manzana). Coloca la fruta en un plato frente a ti.

Tu ceremonia involucra tres cosas: una declaración de tu parte, una declaración de parte de tu Inspirador y una declaración de parte de tu Permisor.

Cada persona es libre de escribir y decir lo que le salga de su corazón, pero aquí encontrarás algunas declaraciones que invocan el poder del ritual de iniciación:

Tú

Con esta ceremonia, declaro que estoy listo para embarcarme en una nueva jornada de mi vida. No estoy libre de inquietudes. Admito libremente mi miedo, pero también acepto mi fe. Estoy invocando el poder en mi interior que puede hacer por mí lo que no puedo hacer por mi mismo: ayudarme a dejar esta terrible compulsión y guiarme hacia una nueva forma de vida.

Mi opinión sobre la comida..., mi opinión sobre mi cuerpo..., mi forma de comer..., la forma en que trato mi cuerpo...: estos temas han sido agobiantes para mí, pero los pongo ahora en manos de Dios. Pido un milagro. Pido libertad y le agradezco a mis amigos por estar aquí conmigo, orando mientras yo oro, y manteniendo la visión de mi liberación hacia una nueva y mejor forma de vida. Amén.

Tu Inspirador

Querido [tu nombre]:

Es un honor estar aquí hoy como símbolo de todos aquellos que desean tu sanación total. Como alguien que es libre en cuanto a la comida se trata, pido que mi libertad sea compartida contigo. Te deseo una relación más feliz y más sana con la comida y una relación más feliz y más sana con tu cuerpo.

Te hablo desde la otra orilla del río en donde tú te encuentras ahora, atrayéndote e invitándote a que cruces hacia una nueva tierra en tu interior.

Acepto la promesa de Dios de que serás liberado y te visualizo en una libertad dulce y sagrada. Sostengo esta visión en mi corazón; por siempre y sin vacilación.

Te bendigo en tu jornada, que mi bendición permanezca en ti como una luz que ilumine tu camino.

Tu Permisor

Querido [tu nombre]:

Felicitaciones por el paso que estás dando hoy. Te deseo lo mejor. Aunque yo mismo todavía no me he embarcado (o no por completo) en mi jornada hacia la pérdida de peso consciente, me siento sinceramente feliz de que estés comenzando la tuya. Sé que tu éxito incrementa mis propias posibilidades, y renuncio —en nombre de cualquiera que pueda sentirse así— a toda envidia o sentimiento negativo proyectado sobre ti en tu camino hacia la liberación.

Conforme dejas atrás el dolor de comer compulsivamente, debes saber que yo —así como muchos otros— te deseamos lo mejor en tus esfuerzos. En nombre de todos nosotros, te deseo amor y paz mientras haces tu jornada. Y más importante aún, pido por tu éxito. Pido por tu recuperación y tu liberación. Pido que recibas un milagro.

Después de que la última persona haya hablado, toma un cuchillo —uno bueno, por cierto; ¡nada de plástico!— y corta tu manzana en tres pedazos. Dale un pedazo a tu Inspirador, otro a tu Permisor y quédate con uno. Ahora los tres se comen su pedazo de la manzana, simbolizando el papel que cada uno de ustedes representa en un esfuerzo que ahora dará frutos.

Reflexión y oración

La reflexión de hoy es una continuación de tu ceremonia de iniciación. Pasa dos o tres minutos en silencio con tu Inspirador y tu Permisor, así como con cualquier otra persona a quien le hayas pedido ser testigo de tu ceremonia. Deja que cada uno te ofrezca sus palabras de apoyo.

Cierra tu ceremonia con una oración.

Querido Dios:
Mientras entro en este nuevo capítulo
de mi vida,
por favor bendice mis pasos.
Con esta ceremonia,
que Tu Espíritu llegue a mí
y me libere de mi antiguo ser.
Por favor llévame a dominios más dulces
y enséñame cómo ser, querido Dios,
una persona más libre, más feliz,
más sana,
sin compulsión ni miedos.
Así sea.
Amén

COMPROMÉTETE CONTIGO MISMO

Todo comedor compulsivo ha escuchado un millón de veces las amonestaciones sobre perder peso: debes ceñirte a tu dieta, comprometerte con el proceso, mantenerla pase lo que pase, disciplinarte para "solo seguirla" y cosas por el estilo. No obstante, dichas amonestaciones solo incrementan tu ansiedad; si fueras capaz de *contar contigo* de forma consistente, para empezar, ¡no serías un comedor compulsivo!

Aunque comer en exceso puede ser considerado por algunos como una indulgencia, de hecho es un *rechazo* del ser. Es un momento de auto traición y auto castigo, y todo *menos un* compromiso con el bienestar propio. ¿Por qué serías capaz de comprometerte con una dieta si no eres capaz de comprometerte contigo mismo de manera consistente?

Tu relación con la comida es un reflejo de tu relación contigo mismo, como todo en tu vida. No hay razones para pensar que serás capaz de ser fiel a una dieta, a menos que trates tu deslealtad básica hacia ti mismo. Mientras no sanes tu relación fundamental contigo mismo, tu relación con la comida está condenada a ser neurótica.

Por muy comprometido que puedas estar con el proceso de perder peso, siempre habrá momentos en que el odio hacia ti mismo surja como una fuerza oceánica desde lo más profundo de tu mente subconsciente, exigiendo hacer valer sus derechos. Esto es lo que hace que la adicción y la compulsión sean tan crueles: puedes estar comprometido con tu dieta durante 23 horas y 45 minutos un día, y luego arruinas todos tus esfuerzos en 15 minutos.

Lo que no es amor hacia ti conlleva en su interior las semillas de odio hacia ti mismo, por muy pequeño que sea; donde la mente no está llena de amor, tiene una propensión a la demencia. Y para lograrlo, solo hace falta una minúscula parte de demencia: el tiempo en que te tomas para abrir una bolsa de galletas, encuentras la forma de destruir tu sueño más preciado.

Esta lección trata de tu carencia básica de compromiso y compasión hacia ti mismo, tu ausencia de auto cuidado que te lleva una y otra vez a castigarte y traicionarte. Solo cuando aprendes a comprometerte contigo mismo, abandonas tu conducta de auto sabotaje. No es suficiente decirte lo que no debes hacer; debes aprender a *pensar* de forma distinta antes de lograr dominar una nueva forma de *ser*. En la última lección, le pediste a otras personas que te respaldaran; con esta lección, aprenderás a respaldarte tú mismo.

Todos quisiéramos haber tenido una infancia perfecta, padres que hubieran sido ejemplos de actitudes paternas y que nos hubieran enseñado a internalizar los preceptos del amor propio. No obstante, no fue así para muchos de nosotros. Quizá tú creciste sin tener un modelo que fuera verdaderamente valioso, sin que tus ideas fueran apreciadas, sin que tus emociones fueran atendidas, o sin que tu valor fuera profundamente apreciado. Y cualquiera que *haya* sido el modelo —positivo o negativo— se convirtió en el modelo de tu relación con tu ser adulto. Sencillamente, así es como se forman los adultos.

Si sufriste de negligencia cuando eras niño, aprendiste tú mismo a ser negligente contigo como adulto. Si fuiste traicionado de niño, aprendiste a traicionarte como adulto. Si a nadie le importaban tus sentimientos cuando niño, no supiste cómo cuidar tus propios sentimientos una vez que te convertiste en adulto. Quizá, de alguna manera, *no contabas* con tus padres; y ahora, cuando comes demasiado, simplemente repites el patrón y no cuentas contigo.

Quizá tus padres te amaron mucho, pero sencillamente no contaban con las herramientas psicológicas para ayudarte a construir una relación emocionalmente sana contigo mismo. Es solo recientemente, en términos históricos, que la sociedad ha considerado la posibilidad de que los niños tienen ideas valiosas por sí mismos. Observando en retrospectiva tu infancia, no se trata de descubrir a quién debes reprochar, ni de construir un caso para justificar tus sentimientos de víctima. Se trata simplemente de identificar tus heridas para aplicar correctamente la medicina del amor.

Una forma de reparar una infancia arruinada es permitirle a Dios que te críe de nuevo. Cuando eras niño no tenías más opción que depender del amor de tus padres... y cuando este amor estaba distorsionado o ausente, sufrías en consecuencia. No obstante, ya no eres un niño, y puedes rehacer tu infancia recordando de Quién eres hijo verdaderamente.

Visualizándote como hijo de Dios —reconociendo el amor y misericordia inquebrantables que Él te ofrece cada momento del día— comienzas a realinear tus actitudes con Sus actitudes hacia ti. Ya no tienes que modelar la negligencia ajena; solo debes modelar el amor de Dios por ti.

Cuando restableces la conexión divina que fue destruida por cualquier herida de tu infancia, tu mente comienza a alejarse de las ideas que te debilitan y en su lugar tienes ideas que te fortalecen. Aprendes a *contar contigo*, y cuando cuentas contigo, simplemente no *deseas* conducirte de forma auto-destructiva. No será tan difícil comprometerte a comer sano una vez que te comprometes de nuevo contigo mismo. Será algo natural. El apetito que refleja una actitud poco amorosa hacia ti sencillamente se desmoronará, como las hojas en otoño cuando termina su estación.

Te comprometes de nuevo en el sentido de que naciste con la conexión intacta con tu ser; aunque esta conexión se haya roto en tu experiencia, jamás puede romperse en la mente de Dios. En Alcohólicos Anónimos existe una referencia al "contacto consciente". Tu contacto con la divinidad sigue ahí; simplemente no estás consciente. Y al retornarlo a la conciencia plena, te reconectas con él empíricamente. Como un cable cuyo conector se ha caído al suelo, tu mente debe conectarse de nuevo en el enchufe que le brinda el verdadero sentido del ser.

Arraigado en su naturaleza divina, todo ser humano tiende naturalmente hacia la conexión, la creatividad y la alegría. Así es el flujo natural de la experiencia humana, tal como un capullo brota espontáneamente en la plenitud de una rosa. La diferencia entre tú y la rosa es que, como ser humano, tienes la *opción* de permitir o no el florecimiento. Si el capullo de la flor de alguna manera fuera capaz de negarle el derecho a florecer, ¿qué ocurriría con la energía que lo hubiera convertido en flor? ¿Se quedaría sin crear? ¿Se perdería? No, porque la energía no puede ser increada.

Cuando se niega un flujo natural de energía, se convierte en una especie de flujo en retroceso, o una implosión de identidad. Quedas entonces tentado a desviar tu pasión creativa.

Si niegas tu propia pasión, tu propio camino, tus propios anhelos, tu propio drama, tu propia fuerza vital, tu propia verdad, podrías quedar tentado a vivir indirectamente a través de aquellos que sí se lo permiten. Tu energía creativa tiene que ir *a alguna parte,* aunque haya sido proyectada en los demás. Te sientes tentado a llevar una vida de fantasía, si te niegas a ti mismo una vida real.

Es fácil pasar de una caja llena de chocolates a sumergirte de lleno en la lectura de la prensa amarillista, pasar de negarte tu propio drama a consumir el drama de los demás. Pero no es que los demás hayan sido programados a llevar unas vidas emocionantes y tú no. Por la razón que sea, algunas personas sencillamente no fueron bloqueadas en sus infancias como tú. Ellos pueden permitirse más fácilmente experimentar el drama natural y creativo de sus propias vidas.

Piensa en la persona cuya vida observas y piensas en secreto: *Oh, me gustaría que esa fuera mi vida.* Ahora imagínate que estás en el jardín infantil con esa persona. Usa tu ojo interior para enfrentar la verdad aquí, y verás que a la edad de cinco años esa persona no tenía nada contra ti. Llegaste a esta vida con la misma energía creativa y la misma programación divina que todos. Y la sigues teniendo; simplemente está en retroceso, asumiendo una anti-expresión en la forma de exceso de carne.

Pero todo eso puede ser corregido ahora. Una válvula que ha sido cerrada puede ser ahora reabierta. Un hábito —y eso es todo lo que es: un mal hábito mental— puede ser desaprendido y reemplazado con una inclinación natural y espiritual de emprender tu viaje en el mundo y crear todo lo bueno, lo verdadero y lo hermoso.

Debes comprometerte contigo mismo porque Dios está comprometido contigo. ¿De qué otra manera, sino a través de los pensamientos que surgen naturalmente en tu interior, puede Él impactar tu alma? Cuando te escuchas, te sincronizas con las vibraciones del espíritu que son la comunicación natural del Creador con lo creado.

Dios no tiene un plan para Miss Estados Unidos, y no para ti. Dios no tiene un plan para una estrella de cine, y no para ti. Hay un plan divino por el cual la vida de toda y cada una de las personas está programada para el nivel más elevado de creatividad, bondad y verdad. Hay rosas, margaritas, pensamientos y violetas, todas muy distintas pero muy hermosas. La naturaleza nos ve a cada uno de nosotros como expresiones de sí misma, y aceptar esa expresión, y honrar el flujo natural de tus propios pensamientos y emociones, no sólo es darte un regalo a ti mismo: es tu regalo al mundo.

Intenta perdonar a aquellos a quienes en su ignorancia trataron de bloquear tu verdad, ya sea hace cinco minutos o hace 40 años. Y trata de perdonarte por todos esos años que has dejado de escucharte.

Cuando te aferras demasiado a algo de este mundo —y en tu caso se trata de comida— niegas lo que está tratando de surgir desde lo más profundo de tu interior. Cuando dejas de experimentar lo que se *supone* que ocurra —tu propia comunicación interna con el ser— es como si te arrojaras a un vacío terrible y primitivo, devastado al sentir la ausencia de tu Creador. En realidad tú no quieres aferrarte a la comida. Te quieres aferrar a Dios. Y solamente hay una forma de hacerlo. Únicamente puedes encontrarlo donde Él vive. Y Él vive en ti.

Para esta lección, usarás las páginas de tu diario, comenzando un proceso por medio del cual aprenderás a apoyarte... a ser tu amigo..., a comprometerte contigo mismo. Comenzarás por aprender a dialogar con tu ser, haciendo preguntas y recibiendo la verdad de lo que piensas sobre tus sentimientos.

Cada vez que escribas en tu diario, tendrás una conversación contigo que hace mucho tiempo te debías:

1. Tú a ti mismo: *¿Cuáles son tus pensamientos?*

Esta pregunta demuestra que te interesa lo que piensas. Lo valoras.

Si cuando niño a nadie parecía importarle lo que pensabas, entonces desarrollaste el hábito de no escucharte al igual que lo hacían los demás. Quizá uno de tus padres o hermanos te molestaba por tus creencias, te enseñaron a menospreciar el valor de tus propias ideas. Si ocurrió algo así, se rompió tu conexión con tu ser en una forma muy fundamental. Si no te escuchas, no te puedes honrar. Si no te escuchas, no puedes escuchar la voz de Dios en tu interior. Si no te escuchas, programas a tu cuerpo para dejar de escucharse *a sí mismo*. Y el infierno te espera.

En las páginas de tu diario, cada mañana y noche, escribe tus pensamientos del día. Tus escritos se convertirán en un archivo consciente de pensamientos que hasta ahora habías ignorado. Tú hablas y alguien escucha.

Escribe todos los pensamientos que puedas recordar —los consideres significativos o rutinarios— y permítete verlos, revisarlos y ser testigo de ellos. No son buenos ni malos; sólo *son*. Lo importante es que son tuyos. Obviamente, cualquier pensamiento positivo debe ser escuchado por ti. Y cualquier pensamiento negativo también debe ser escuchado por ti, quizá para aprender algo y luego ponerlo en manos de Dios para su sanación. Pero tanto tus pensamientos como tus sentimientos tienen importancia, y en la próxima lección hablaremos de los sentimientos con más detalle.

Lo que importa ahora es que ya comprendes que escucharte está bien y no mal. Cuando comes demasiado no solamente está presente una dinámica inapropiada; también está ausente una dinámica sana. Al aprender a construir nuevas dinámicas de autoestima sana, se bloquea el paso de la locura de tu compulsión.

2. Tú a ti mismo: *Te perdono por tus errores.*

En palabras del famoso sabio judío, el Anciano Hillel: "Si no cuento conmigo, ¿entonces con quién? Y si solo cuento conmigo, ¿entonces qué soy?".

Esta lección trata de la primera de estas preguntas: tu necesidad de mostrar compasión hacia ti como un prerrequisito para atraer compasión de los demás. Si estás enojado contigo, tu cuerpo registrará este negativismo. Tu cuerpo, recuerda, es un reflejo de tus pensamientos. Siempre que te niegues el amor, tu cuerpo mostrará tu falta de amor.

Si no te demostraron mucha piedad cuando eras niño, —si tus errores no eran perdonados o te repetían constantemente que no valías ni eras bueno— comer demasiado es una reinterpretación del mensaje: "¡Eres malo! ¡Eres malo!". El tenedor o la cuchara que usas para comer en exceso no es algo que usas para darte un regalo, sino más bien un látigo con el que te castigas. Una vez que comprendes lo que has hecho, una vez que comprendes que has caído de nuevo en el hábito de comer en exceso, caes en un nuevo ciclo de ira: ¡ira hacia ti por comer en exceso!

En las páginas de tu diario, mañana y noche, escribe lo que tú consideras que han sido tus errores, y luego ponlos en manos de Dios. Explora tus sentimientos de remordimiento y de perdón hacia ti. Siente el dolor de saber que has cometido un error, pero también el alivio extraordinario que llega a tu espíritu una vez que has sido redimido de tu error y lo pones en las manos de Dios Todo Misericordioso.

Cuando comes demasiado, muestras falta de piedad hacia ti mismo. Al reclamar la compasión que es natural a tu verdadero ser, aprendes a comer de forma más moderada como una expresión de amor hacia ti. Si recaes —en ocasiones en que, a pesar de tus esfuerzos, no puedes resistir la urgencia de comer de forma autodestructiva— comenzarás a decir "Ahh" con una aceptación intrascendente, en lugar de un quejido de desesperación. Y esto disminuirá las probabilidades de que ocurra de nuevo, porque habrás dejado de alimentar con más odio el odio hacia ti mismo.

3. Tú a ti mismo: *Pienso que tus sueños son importantes.*

Una persona sana está siempre concibiendo las cosas maravillosas que vienen en camino... desde cuál video será divertido ver esta noche, a quién será bueno llamar por teléfono más tarde, hasta dónde será divertido pasar el fin de semana. Pero si no te escuchas, ¿cómo *sabes* cuál es el lugar perfecto para ir o la cosa más adecuada que hacer? Y si no sabes qué debes hacer, te inclinas a hacer cosas inapropiadas. Eso incluye lo que comes y lo que no comes.

En alguna ocasión, alguien en algún lugar no escuchó a tu corazón, y en consecuencia dejaste de escucharlo también. Quizá no en todas las áreas de tu vida; en muchas áreas puedes ser muy funcional, incluso supremamente exitoso. Pero tu mente subconsciente eligió una herramienta disponible por medio de la cual expresaste tu verdad más profunda del odio oculto hacia ti.

Lo que queda es la voz del adulto ignorado o menospreciado, pues todavía no ha sido expulsada. En consecuencia, sigues subconscientemente los dictados de un fantasma. Todavía te castigas; todavía te niegas a ti mismo; todavía te ignoras. Y así sucesivamente. La idea de que puedes combatir una fuerza de tal naturaleza con el simple hecho de apegarte a una dieta parece una tontería.

En las páginas de tu diario, mañana y noche, dialoga contigo mismo sobre tus verdaderos sueños. Desde un viaje a París hasta lucir maravillosamente bien, desde escribir un libro a tener tu propio negocio, desde tener una pareja hasta tener hijos, ¿qué anhelas realmente? ¿Qué es lo que desearías realmente que fuera cierto? ¿Cuál es el deseo de tu corazón... pues si *tú* no lo honras, quién lo hará?

No importa si mami, papi, tus hermanos, tus maestros o cualquier otro no le dio valor a tus sueños. Dios lo hizo. Y lo hace. Es hora de que comiences a pensar como Dios cada vez que piensas en algo... incluyéndote.

El proceso de escribir en tu diario es una herramienta importante, no sólo para perder peso. Es una herramienta para cultivar tu *ser* más elevado, aplicando esto no solamente a tu peso, sino a cualquier área de tu vida. Llevar un diario es una forma de escucharte, de aclararte lo que verdaderamente piensas y sientes. Cuanto más espacio te das para expresar tus verdaderas ideas y sentimientos, más sabiduría surgirá. Al escucharte, *aprendes* de ti mismo. Al escuchar profundamente la voz de tu corazón, restableces tu relación con tu verdadero ser, relación que has negado por mucho tiempo.

Comienza a escucharte ahora y descubrirás que lo que escuchas es música para tu alma. Su sonido te acompañará mientras avanzas hacia la vida y el cuerpo que la naturaleza tiene reservados para ti. En los ojos de Dios, eres más hermoso y más apreciado de lo que crees.

Reflexión y oración

La reflexión que acompaña esta lección es un flujo de conciencia que aplica a cada momento de tu vida. En vez de preguntarte: "¿Qué piensas?", y recibir una respuesta solamente dos veces al día cuando escribes en tu diario, comienza a dialogar naturalmente contigo a lo largo del día.

Recuérdate en todo momento lo importante que es para ti estar en contacto con tus propios pensamientos y emociones. Solo desde ese lugar, honrarás lo suficientemente profundo las ideas y los sentimientos de los demás. Si te niegas a ti mismo, siempre negarás a los demás. Pero al conectarte con tu propia verdad, comenzarás a conectarse más profundamente con la verdad de los demás. A través de esa conexión, te liberarás de una falsa conexión con la comida. En ese punto, la comida tendrá la importancia que debe tener: ni más ni menos.

Querido Dios:
Por favor enséñame a honrarme.
Por favor enséñame a escucharme.
Por favor programa mi mente para que se conozca a sí misma,
y pueda liberarme finalmente.
Enséñame a apreciar
tu Espíritu que reside en mi interior.
Muéstrame cómo ser bueno conmigo mismo,
para que así pueda conocer con mayor plenitud
las bondades de la vida.
Amén

SIENTE TUS EMOCIONES

Ya hemos establecido que la fuerza subconsciente de la compulsión por la comida se compone de sentimientos sin procesar. Cuando comes en exceso, buscas contener las emociones que se arremolinan en tu interior; llevarlas a un lugar, cubrirlas, y entumecerte de tal forma que no las sientas en absoluto.

Lo que hace que tus emociones sean diferentes, recuerda: no es lo *que* sientes, es cómo las procesas..., y, algunas veces: cómo *no puedes* procesarlas. Para el adicto a la comida, los sentimientos que pueden y deben ser procesados en la mente a menudo se colocan por error en el cuerpo, donde no pueden ser procesados y por lo tanto permanecen almacenados en su carne.

La única forma de eliminar el peso de los sentimientos sin procesar es permitirte sentirlos verdaderamente. Una vez más, el asunto son los patrones de la infancia. El amor y la comprensión de alguien más —y para un niño, ése alguien más es uno de los padres— provee un recipiente para nuestros sentimientos. Más tarde en la vida, si dicho recipiente estaba ausente en la infancia, el comedor compulsivo tiende a buscar ése recipiente que la comida no puede proveerle comiendo en exceso.

El amor de los padres debe ser un modelo del amor divino. Cuando el amor paterno nos brinda seguridad, es más fácil nuestra transición a adultos con el sentimiento de que estamos seguros en las manos de la divinidad. Si no sentías que podías transmitir sin temor tus sentimientos a tus padres, es muy poco probable que ahora sientas que puedes entregarle todos tus sentimientos a Dios.

Los sentimientos que no son reconocidos no pueden sentirse plenamente. ¿Cómo puedes sentir plenamente algo que ni siquiera has podido identificar con un nombre? *Me siento triste, abochornado, abrumado, humillado, enojado, atemorizado, rechazado, abandonado, traicionado, ofendido, insultado, desesperanzado, ansioso, frustrado, culpable, solo...*, a menudo se traducen en: *me siento hambriento*.

¡Vaya si estás hambriento, pero no de comida! Al haber obviado incluso el reconocimiento consciente de tu dolor, fuiste directamente al encuentro de un medio para apaciguarlo. Estás buscando una fuente externa que te provea de una experiencia que solo puede encontrarse internamente. No puedes deshacerte de tu dolor sin admitirte que lo tienes.

Las emociones deben *sentirse* de igual forma que la comida debe masticarse; las emociones deben digerirse en el interior de tu psiquis de la misma forma que la comida se digiere en tu estómago. El comedor compulsivo a menudo se atiborra de comida como una forma de evitar sentir sus emociones, pero luego maneja la comida de la misma forma que trata la emoción: demasiado rápido, sin masticarla y sin digerirla apropiadamente.

Una vez que sientes tus emociones, las puedes reconocer, observar, aprender de ellas y ponerlas en manos de la Mente Divina. Pero en vez de reconocer y *sentir* tus emociones, has aprendido a ignorarlas incluso antes de que lleguen a surgir con toda su fuerza. Suprimes lo que tienes demasiado miedo de sentir, con muy poca o ninguna confianza en la sabiduría de tus emociones. No sabes que tus emociones *poseen* sabiduría; ¿cómo podrías saberlo, si nadie las honró cuando eras niño? Pero así es; son parte del genio de la psiquis humana.

Las emociones, incluso las dolorosas, están aquí para decirnos algo. Son mensajes que debes atender. No obstante, ¿cómo puedes atender algo que no sabes que está ahí? Las emociones deben ser reconocidas y *sentidas;* de lo contrario, no puedes aprender de ellas, madurar ni procesarlas.

Puede ser que la vida te haya enseñado que las emociones son peligrosas. Quizá cuando eras niño te dijeron cosas como: "¡No llores o te daré una razón para llorar!": un mensaje emocionalmente tirano que con certeza te enseñó a suprimir tus emociones a toda costa. Quizá tus emociones fueron ignoradas, minimizadas o incluso ridiculizadas por tus padres que tenían otras cosas y otros hijos en quienes pensar. Lo que importa es que, por cualquier razón, aprendiste a una edad muy temprana que no debías honrar, y ni siquiera verdaderamente sentir, tus propias emociones.

En una lección anterior, exploramos los efectos del trauma. Si experimentaste traumas severos, incluso violentos, aprendiste a anestesiarte automáticamente para no sentir el siguiente ataque. Fue un mecanismo de defensa brillante de parte de tu mente subconsciente: congelarte con tal rapidez que cuando el ataque llegaba ya estabas anestesiado.

El problema, sin embargo, es que dicho mecanismo de defensa tenía el propósito de asistirte solamente en casos de emergencia; fue fabricado para salvarte de un peligro inminente, no para que lo usaras durante toda tu vida. No fue creado para que alteraras fundamentalmente tu sistema de respuestas emocionales, no obstante eso fue lo que ocurrió.

A una edad muy temprana fuiste expuesto a lo que tu psiquis percibió como peligro, y ahora tu mente subconsciente no hace la distinción entre una amenaza peligrosa y un estrés tolerable. No sabe cuándo permitir y cuándo protegerse, por lo que se protege contra *todo,* por si acaso.

Es crucial que para la sanación integral de tu asunto relacionado con el peso, desarrolles una nueva habilidad por medio de la cual puedas lidiar con las emociones desagradables. Una emoción escondida bajo el tapete no es una emoción que desaparece; simplemente, es una emoción que se ha puesto en un lugar diferente de donde debería estar. Se convierte en energía inerte en vez de dinámica, se almacena en tu interior, en vez de ser liberada.

Como notamos con anterioridad, la energía no puede ser increada. Las emociones son formas poderosas de energía. Si tienes demasiado miedo de sentir una emoción, su energía tiene que ir de todas maneras a alguna parte. En realidad, una emoción no es peligrosa sino *hasta* que es ignorada, pues es cuando comúnmente se proyecta hacia los demás o se comprime en tu propia carne. Esto solo ocasiona más emociones —vergüenza, humillación, desconcierto y fracaso— dando como resultado un bombardeo infinito de razones tergiversadas que te sugieren que más vale que te des por vencido y comas más.

Cuando te defiendes contra el agobio de tus emociones, en realidad creas emociones agobiantes. Comienzas a tratar de mantener a raya tus emociones, te las comes, te anestesias en vez de sentirlas; y al hacerlo, creas una situación que origina una serie infinita de emociones dolorosas. Cuando tratas de escapar de tus emociones, creas toda una serie de ellas que aparecen con toda intensidad una vez que comprendes lo que has hecho. Las únicas emociones que en realidad debes temer son aquellas que ignoras.

En la mitología griega, Poseidón es el dios del mar. Si él les dice a las olas que se calmen, las olas se calman. En el Nuevo Testamento, Jesús caminó sobre el agua y detuvo la tormenta. Ambas circunstancias son descripciones metafísicas de los efectos de la Mente Divina sobre las tormentas del ser interior. El Espíritu es el maestro, no el esclavo del mar interior. Tu misión, por lo tanto, es entregar tus sentimientos a Dios para que pueda llevarte más allá de las tormentas de tu mente subconsciente. Las tormentas te están arrasando por una sola razón: para que tu ser interior no sea ignorado.

Pensar que tú solo puedes controlar la fuerza abrumadora de las emociones sin procesar es como un niño pequeño que cree que puede pararse en la playa y hacer que las olas se detengan. Puedes apretar los dientes con fuerza y aguantar toda una mañana; puedes golpear con tus nudillos y aguantar hasta el mediodía; incluso puedes aguantar hasta las diez de la noche. Pero en algún punto, la ola que dice ahora llena de ira: "Comeré", "¿Cómo te *atreves* a decirme 'No'? ¡¿Cómo te *atreves* a decirme 'No'?!", te atrapará por los tobillos y te arrastrará hasta la cocina o a cualquier lugar donde mantengas tu escondite. Y tus ansias, una vez más, ganarán.

Tus antojos de comida son un berrinche emocional, puesto que una parte tuya que siente que no la escuchas exige ser escuchada y *será* escuchada. Tienes dos opciones: puedes sentir tu emoción, o puedes escuchar la orden cruel de hacer algo que te apacigüe temporalmente el dolor de no sentirla. Evidentemente, sentir la emoción sería una opción más funcional.

Si no tienes un patrón para honrar tus emociones, procesarlas, dar testimonio de ellas, ponerlas en manos de Dios y observar cómo se transforman milagrosamente, aparecerán en tu vida como una energía aterrorizante que te domina en vez de ser tú quien las domines. Es hora de que acabes con tu esclavitud emocional construyendo tu maestría espiritual.

La maestría espiritual no surge de la fuerza de voluntad, sino de poner en manos de Dios tu fuerza de voluntad. Una vez que sientes una emoción y la pones en manos de Dios, ya no te quedas con ella, como si estuvieras al borde de un precipicio emocional y a punto de caer en un abismo del cual nunca puedes escapar. Cuando le entregas una emoción dolorosa a la Mente Divina, se la entregas a un poder que puede quitártela de encima cambiando los pensamientos que la producían.

Todo aquello que le entregues a la divinidad para su transformación será transformado, y todo aquello a lo que te aferres no será transformado. Entregar tus emociones involucra sentirlas primero, sí, pero también involucra renunciar a ellas.

Es en verdad irónico que temas sentir tus emociones; pues como comedor compulsivo, lo que has creado para ti y has tenido que soportar han sido las emociones más dolorosas que pueden existir. El horrible sentimiento de fracaso, que es endémico en el comedor compulsivo crónico, hace que tu tolerancia para el dolor sea mucho más grande de lo que crees. El dolor que estás tratando de evitar no es nada comparado con el dolor que ya has tenido que vivir.

Carl Jung, el psicólogo suizo, dijo: "Todas las neurosis son un sustituto para el sufrimiento legítimo". Cualquier tendencia patológica —incluyendo comer en exceso— representa las energías tergiversadas del dolor sin procesar. La patología no se termina suprimiendo el dolor, sino sintiendo el sufrimiento legítimo que está buscando expresarse.

La sanación espiritual es un proceso. Primero sientes la emoción; luego sientes cualquier dolor que pueda surgir legítimamente de ella; luego rezas para aprender la lección que ese dolor puede enseñarte; tratas de perdonar a los demás; y, por último, la gracia de Dios te es otorgada. Emerges de la experiencia sin sufrimiento y habiendo crecido como ser humano. Cuanto más te sincronizas con el crecimiento espiritual, menos tienes que aumentar físicamente. La energía es liberada y disipada, suprimida en tu mente, y deja de ser introducida en tu carne.

Temes las emociones al igual que temes la comida; temes que una vez que comiences no puedas parar. Pero la verdad es que las emociones solamente están fuera de control cuando *no* las entregas a la resolución divina. Cuando las entregas a la Mente Divina, son elevadas a la categoría divina de perfecto orden donde se sienten y se disuelven apropiadamente. Así será también con el apetito, puesto que éste es apenas un reflejo de tu tormenta o de tu paz.

El hecho de que una emoción sea dolorosa no es necesariamente una razón para evitarla. Quizá hiciste algo para sabotearte en una relación; a menos que sientas remordimiento, ¿cómo reconocerías el patrón autodestructivo? Quizá tu esposo te dejó; tu tristeza es comprensible dado que estuvieron casados durante treinta años. Quizá un hijo tuyo está gravemente enfermo; tu sufrimiento y tu miedo son simplemente señales de que eres un ser humano.

Cuando lidias con estas emociones de forma apropiada, se convierten en estaciones en tu sendero hacia la gracia. Sí, emergerás como alguien que ha crecido y ya no se saboteará, pero *primero tendrás que sentir el dolor*. Sí, saldrás de tu divorcio fuerte y libre para amar de nuevo, pero *primero tendrás que sentir el dolor*. Sí, te convertirás en el padre guerrero o la madre guerrera que cuida la salud de su hijo, pero *primero tendrás que sentir el dolor*.

Tu sufrimiento no te debilita; eludir tu sufrimiento te debilita. Y esa evasión —la evasión del sufrimiento legítimo— es desafortunadamente apoyada por las actitudes culturales de una sociedad obsesionada con la felicidad barata y fácil.

Hace algunos años, uno de los amigos adolescentes de mi hija —un chico maravilloso de una belleza extraordinaria, talentoso, inteligente y amable— se suicidó de un disparo con la escopeta de su padre, un cazador. La situación estaba plagada de aspectos horribles (incluyendo el hecho de que se había convertido en una estadística más que involucraba la conexión entre el uso de antidepresivos por los adolescentes, y el suicidio). Como madre, así como todos los padres del círculo de amigos de mi hija, sentí una profunda preocupación ante el dolor de mi hija.

Recuerdo cuando le dije a mi hija querida, que sufría y estaba hecha un mar de lágrimas, que algunas veces en la vida ocurre lo peor que puede ocurrir. Le dije que la muerte de Robbie era una catástrofe en su máxima expresión, y nada de lo que yo pudiera decir cambiaría eso. Que Robbie seguía vivo para siempre en los brazos de Dios, pero que eso no hacía menos horrible esta tragedia humana. Que cada lágrima que ella sentía deseos de dejar caer, era una lágrima que tenía que caer, y que ella sabría cuando hubiera llorado suficiente porque ya no le quedarían más lágrimas.

Recuerdo haber visto un semblante de alivio en el rostro de mi hija cuando se lo dije; ella necesitaba desesperadamente el permiso para dejar que sus sentimientos brotaran en vez de suprimirlos. De hecho, lloré con ella. Lo último que hubiera querido hacer era quitarle valor a su dolor o tratar de eludirlo.

Recuerdo haberle dicho a un grupo de apoyo de duelo que dirigía hace algunos años para personas que habían perdido a sus seres queridos: "Escuchen, deben recordar que este es un grupo de *apoyo* al duelo, no un grupo de *negación*". El duelo es una de las formas en que nuestro ecosistema emocional, impregnado con la misma genialidad que cualquier otro aspecto de la naturaleza, procesa una realidad emocional demasiado traumática.

El hecho de que estés triste no significa inherentemente que algo está mal. Simplemente significa que estás triste. Simplemente significa que eres humano. Sea cual sea tu sentimiento, simplemente *es*.

No hay ninguna razón para salir corriendo en busca de comida —o para el caso, de cualquier otra cosa— para escapar de tus emociones. Tus emociones no son tu enemigo sino tu amigo. Siempre tienen algo que enseñarte; incluso las más difíciles. La tristeza manejada con gracia se transformará en paz, pero solo si te permites sentirla primero. Este es el mensaje básico de todos los grandes sistemas religiosos y espirituales del mundo: que la historia no termina hasta la parte feliz.

Mi hija llegaría al punto de una aceptación pacífica de la muerte de Robbie, e incluso a una comprensión espiritual de la idea de que un día lo vería de nuevo. Pero nada de eso ocurriría de una forma real y auténtica si no se permitía primero sentir el increíble duelo de su muerte prematura.

Otro sentimiento que el comedor compulsivo comúnmente busca evitar es el simple estrés de la vida en el mundo moderno. De llevar un hogar a manejar una compañía, el estrés de nuestra existencia moderna mantiene a la gente corriendo en busca de cualquier forma de anestesia que puedan encontrar. *Como porque me siento abrumado.* El sentimiento de agobio es una consecuencia natural al dejar de reconocer la mano divina que sostiene todas las cosas.

Si sientes que debes controlar todo por ti mismo —si no sientes que puedes pedir la ayuda de Dios con los detalles— no es sorprendente que te sientas totalmente abrumado. No puedes sostener las estrellas en el cielo, pero obviamente *alguien* lo hace. Entonces, ¿no podría ser que ése alguien sostenga y armonice las circunstancias de tu vida?

De hecho, el universo entero está sostenido de manera segura en las manos divinas. Los planetas giran alrededor del sol, las estrellas siguen en el cielo, las células se dividen y los embriones se convierten en bebés. Los embriones no exclaman: "¡No sé cómo voy a hacer esto! ¡No sé cómo hacer para que se dividan las células!". El embrión no *tiene* que saber. Un orden mayor que el embrión hace que avance como parte del patrón natural.

Cualquier situación que pongas en las manos de Dios se eleva al orden perfecto divino. Si observas los astros en una noche estrellada, eso no te abruma, tampoco deberían entonces abrumarte tus propias circunstancias. Todas son congregadas, sostenidas y conectadas cuando es necesario por la misma fuerza amorosa.

Pero *a menos* que sientas lo abrumado que estás —a menos que puedas decir: "Vaya, me siento abrumado ahora mismo..., siento como si todo se fuera a derrumbar si cierro mis ojos por un segundo"— no estarás en una posición para ponerlo en manos de Dios. A continuación reza pidiendo el siguiente milagro:

Querido Dios:
Por favor toma esta situación.
La pongo en tus manos.
Por favor ocúpate de todos los detalles,
sana mi mente de todo error,
y revélame lo que deseas que yo haga.
Amén.

No debes cargar el peso del mundo ni en tu espíritu *ni* en tu cuerpo. Puedes "aligerarte" porque el espíritu está contigo. Entrega tus cargas y avanza ligero en tu jornada por el mundo.

Toda emoción, toda situación, toda relación y todo asunto pueden ser entregados con toda seguridad a la Mente Divina para su elevación. El propósito de esta lección es cambiar tu mente de su hábito de suprimir tus emociones —sean cuales sean— hacia el alivio y la paz de entregárselas a Dios.

Reflexión y oración

Para esta lección, necesitas una Caja de Dios.

Puede ser una caja hecha por ti, comprada, o que hayas usado previamente para otro propósito. Pero, al igual que con las otras herramientas usadas en este curso, esta caja debe ser hermosa. Es algo que colocarás en el altar y le entregarás a Dios. Es un recipiente en cuyo interior ocurrirá un proceso milagroso.

Ahora toma un pedazo de papel y escribe las siguientes frases:

"Entrégame tu dolor, y yo me haré cargo de él".

D I O S

"Pon todo esto en mis manos".

D I O S

"Busca perdonar y tendrás paz".

D I O S

"Eres mi creación perfecta. Nada que hayas hecho o pensado, y nada que alguien más haya hecho o pensado, cambia este hecho".

D I O S

"Entrégame tus errores y yo los corregiré por ti".

D I O S

"Eres profundamente amado. Nada que tú hagas cambia mi amor por ti".

D I O S

Añade estas frases a cualquier cita de las escrituras o frase inspiradora que te atraiga, incluyendo ideas propias, y colócalas en tu Caja de Dios.

Tu misión es revisar continuamente tus emociones, admitirlas, sentirlas, escribirlas y entregárselas a la Mente Divina. Usa las páginas de tu diario para describir específicamente una emoción y explorarla, y luego sencillamente escribe: "Querido Dios, te entrego esta emoción". Luego ve a tu altar y por cada emoción que pongas en Sus manos, abre tu Caja de Dios y elige al azar una frase. Te dirá lo que debes escuchar.

Ahora estás listo para meditar. Has entregado tus emociones y tu mente está ahora impregnada de sabiduría. Esto te brindará paz.

Honrando tus emociones de forma constante, construirás una fortaleza en tu actitud que formará parte de ti cuando surja una tormenta emocional en el mar de tu subconsciente. Antes de entrar a la cocina, identificarás tu emoción, incluso si tienes que decirlo a gritos. Antes de ir a un puesto de hamburguesas, dirás: "Dios, por favor ayúdame", aunque en ese momento ni siquiera creas que Dios existe. Antes de que te ahogues en las aguas profundas y tóxicas de tus antojos, sentirás tus sentimientos y los pondrás en manos de Dios, incluso si lo haces con la fe del tamaño de una semilla de mostaza.

Tu Caja de Dios te ayudará. Te brindará las respuestas. Y con el tiempo, sanarás.

Querido Dios:
Te entrego mi angustia y mi dolor.
Me siento muy abrumado, querido Dios,
por mi vida y mis compulsiones.
Aleja de mí mis antojos, querido Dios,
pues no puedo luchar contra ellos y me siento muy débil.

*Enséñame a sentir mis emociones
y a ponerlas en Tus manos.
Restaura mi espíritu
y dame fortaleza.
Gracias, querido Dios.
Amén.*

PERMITE EL DOLOR

Esta lección trata del proceso de desintoxicación emocional que acompaña una seria pérdida de peso. En cierto punto de tu jornada, las emociones que has negado, reprimido o comprimido en tu interior, comienzan a surgir con el fin de ser reconocidas.

En la última lección hablamos de que las emociones no son ni buenas ni malas; simplemente son. Pero eso no significa que no sean dolorosas. Una cosa es saber que el sufrimiento es parte inevitable de la jornada humana y otra cosa muy distinta es aprender a lidiar con él.

Como con cualquier jornada espiritual —y la jornada hacia la pérdida de peso consciente *es una* jornada espiritual— las cosas siempre parecen empeorarse antes de mejorar. La luz del amor resplandece en muchos lugares hasta ahora invisibles para tu mente consciente, revelando emociones tóxicas que ya estaban ahí, pero astutamente ocultas.

Está bien si esta parte de tu jornada no es agradable. Parte de tu proceso de crear nuevos patrones es aprender a lidiar de forma sana con las situaciones desagradables. La persona madura y sobria sabe que algunos días las cosas simplemente se sentirán pésimas, y *eso está bien*. Estás aprendiendo a superar las ansiedades sencillamente estando ahí, sin necesidad de comer demasiado ni de conducirte de cualquier otra forma.

¿Cómo podría no ser desagradable si tienes que recrear las emociones que te has estado comiendo durante años? Ahora al confrontarlas, al lidiar con ellas y terminar por aceptarlas, sientes como si tuvieras fiebre dentro de tu alma.

Pero una fiebre espiritual, como una fiebre física, siempre ha tenido una función productiva: quemar la enfermedad. Piensa en tu dolor como en una fiebre consumiendo el miedo. Conforme te sanas físicamente, la fiebre extrema puede llevarte al delirio. Conforme te sanas espiritualmente, tu fiebre puede llevarte también al delirio: un delirio callado del alma. Pero esto también pasará.

Esta lección trata del desespero humano y la consistencia de las células corporales. El hombre ha observado durante siglos bajo la superficie de la piel, examinando el funcionamiento interno del cuerpo humano. En el último siglo, la ciencia ha desarrollado la habilidad de observar incluso las células más minúsculas que componen nuestro tejido físico. No obstante, la ciencia no ha descubierto todavía una explicación de cómo los cambios emocionales producen cambios físicos, y es particularmente ciega a la maleabilidad de la grasa.

De hecho, hay muchos niveles de comprensión —incluso de nuestros cuerpos físicos— que la ciencia todavía no ha penetrado. Un microscopio electrónico revela el sistema completo de nuestras células, pero en el interior de las células mismas hay un almacenamiento de información que sigue incomprendido.

Por ejemplo, hay tipos de lágrimas. Una variedad de ellas es tóxica para el cuerpo, mientras que otras son sanadoras. La distinción entre las dos es no solo emocional, sino también física. Incluso materialmente, hay aspectos de las lágrimas —incluyendo las funciones que afectan la operación del cerebro— que todavía no han sido identificados por la ciencia.

Algunas veces solo a través del llanto que debe derramarse es que disolvemos la desdicha que lo causó. Esa es la razón por la que *suprimir* la desdicha no conduce a su fin. Cuántas veces decimos que alguien "necesita dar una buena llorada". Definitivamente, así es. La toxicidad a menudo se libera a través de los conductos lacrimales como parte de la genialidad natural del cuerpo de purificarse de sus propias toxinas. El uso eventual de antidepresivos es anti producente justo por esta razón: sentir tu tristeza en su plenitud es algunas veces la única forma de sanarla. En la ausencia de la emoción, pierdes la oportunidad de sanarte. El cuerpo no hace distinciones entre estrés físico, emocional, psicológico y espiritual. Está equipado con la inteligencia natural para tratarlos a todos.

Estás equivocado si piensas que puedes cambiar fundamental y permanentemente los síntomas corporales solo por medios físicos. *Los problemas deben salir por la misma puerta por donde entraron.* Si ideas erradas han creado un problema, lo esencial es corregir esas ideas para sanarlo. Si un sentimiento tóxico ha creado un problema, nada más puede ser eliminado a través de un proceso de desintoxicación por medio del cual aparece de nuevo con el fin de ser liberado.

La grasa no es solo tejido celular inerte. Es un almacén de ideas y emociones tergiversadas y distorsionadas que no tenían otro lugar a donde ir. Si eliminas el tejido graso, pero no eliminas su causa psíquica, puede ser que la grasa se vaya aunque la huella causal permanece. Y esta huella, con el tiempo, atraerá más sustancia para materializarse.

No es suficiente "perder tu peso". Debes perder el peso emocional que lo acecha. Ya has comenzado a hacerlo.

Recuerda que tu compulsión por la comida es una forma de lidiar con tus emociones dolorosas. Cuando comienzas a sanar esas emociones —eliminando su "huella" de tu conciencia— necesariamente tienes que *volverlos a sentir* cuando salen.

Pueden surgir problemas que en apariencia no tienen nada que ver con tu problema de peso, y de maneras desafiantes. Podrías dudar de ti de formas que nunca lo habías hecho, o al menos en mucho tiempo. Pero esta parte de tu proceso no es un periodo malo; en realidad es bueno, pues es necesario. No existe rehabilitación espiritual sin este proceso de desintoxicación.

Cuando surja cualquier dolor, dificultad, frustración o desafío, trata de verlo, honrarlo, presenciarlo y recibirlo como parte de tu sanación. La situación conlleva información importante para ti. No es algo que está ocurriendo al azar en este momento. Representa la oportunidad de examinar asuntos crucialmente importantes en tu vida. Cuando observas tu dolor, sientes tus emociones, aprendes la lección que tenías que aprender; estos son, a fin de cuentas, los únicos métodos de consumir para siempre tu dolor.

El universo jamás te dejará solo en un momento así. Los ángeles están a tu alrededor al igual que se reúnen sin falta cada vez que un alma está buscando su integración. Este no es en absoluto el momento de aislarte; más bien, a pesar de toda la resistencia que puedas sentir, permite que por lo menos otro ser humano esté cerca de ti para ayudarte en lo posible. Aprenderás el importante valor de la amistad sagrada o la terapia profesional.

Quizá acudas a grupos de apoyo, o formes espontáneamente una pequeña comunidad de personas con ideas afines para realizar esta jornada juntos. Puede caer, de repente del estante, un libro clave a tus pies, e incluso extraños pueden tener consejos profundos, sabios e importantes para ti. Al conectarte más a fondo con los demás, te conectas más profundamente con tus propios sentimientos. Hasta la tristeza se vuelve más soportable. Algunos días son tristes, pero estos también pasarán. La maestría espiritual involucra construir hábitos mentales, emocionales y conductuales que te ayudan a seguir adelante en épocas como ésta, sin una explosión de conducta disfuncional.

A veces sólo tienes que hacer espacio para la tristeza. No necesitas una excusa para sentirse triste; no tienes que "resolverla", y, aún más importante, no tienes que salir huyendo de ella. Lo que tienes que hacer es dejarla que entre y, sencillamente, permanecer en ella.

Tu tarea con esta lección es hacer espacio en tu vida, así como lo haces en tu corazón, para cualquier tristeza que debas honrar. Quizá dar un paseo en la tarde o caminar por la playa cada mañana. Permítete pasar por tu dolor.

Con el tiempo aprenderás a *estar* con el vacío, a tratarlo con un baño de burbujas en vez de con un sándwich, con una oración en vez de una barra de chocolate. Tu misión es residir en el vacío, inhalar a través de él, aprender sus lecciones y escuchar el mensaje que te transmite. No se trata de un agujero que debes llenar con comida o algo más; es solo el vacío original que cada ser humano siente cuando no puede encontrar a Dios.

La buena literatura, en particular las historias de verdaderas tragedias, puede ser catártica; le otorgan una voz a tu propia tristeza enterrada y a la deriva, y un conducto para su disolución. Cuando leíste *Anna Karenina* en la universidad, en verdad, ¿qué sabías entonces? Pero ahora, después de haber conocido unos cuantos Vronskys puedes leerlo con una nueva perspectiva: tu dolor tiene sentido, está inmortalizado en un personaje que está viviendo precisamente tu propio desconsuelo. En la respuesta de Anna a su desesperación comienzas a ver la cruda realidad que enfrentas: puedes autodestruirte o puedes ascender a la gloria.

No te convertiste en comedor compulsivo sin razón. Si eliges confrontar con honestidad las emociones involucradas en la causa y la sanación de tus patrones compulsivos, *vas a experimentar una* noche oscura del alma. Pero una noche oscura del alma es finalmente algo bueno, puesto que precede y te prepara para tu renacimiento espiritual. La oscuridad es nada más que revivir viejos sentimientos en la ausencia de lo cual no puede ocurrir una verdadera sanación. Es importante recordar que esta oscuridad es temporal y al final te llevará a la luz que hay más allá de ella.

Sencillamente, debes soportar este periodo. Pero también debes honrarlo por la oportunidad que te brinda de consumir para siempre emociones que finalmente aparecen, y en verdad solo ahora pueden realmente marcharse. Esta vez no las estás suprimiendo; las estás conduciendo a la puerta de salida. Han estado impregnadas en tu carne, y ahora serán desterradas de tu universo personal. Las lágrimas que estás vertiendo te llevarán finalmente al gozo. Llegará el día en que sentirás la ligereza —tanto física como espiritual— de un día totalmente nuevo.

Hay poemas, películas y novelas —así como obras de la vida real— que le otorgan significado a la experiencia del sufrimiento profundo. Elige tres de ellas que resuenen contigo; quizá con algo que ya has experimentado, o un libro, o una película que todavía no has leído o visto. Colócalos en tu altar y comprométete a leerlos o verlas. Al honrarlos, honras tus propias lágrimas liberándolas en vez de suprimiéndolas. Tal es el valor del arte.

Reflexión y oración

Relájate, cierra tus ojos y pide consuelo.

Entrégale a la Mente Divina tu desesperación, tu tristeza,

tu sufrimiento, tu arrepentimiento, tu vergüenza, tu dolor, tus pesares, tus miedos y tus cargas. No te apresures al pasar por esta oscuridad. Permítete entrar en ella con el fin de avanzar y trascenderla. Con el tiempo, llegará la luz.

Querido Dios:
Protégeme mientras camino a través de
las sendas oscuras de mi mente.
Libérame de la esclavitud que me aprisiona.
Te entrego mi desesperanza,
por favor dame un poco de esperanza.
Revélame la luz de la verdad,
que mi oscuridad desaparezca.
Hoy y todos los días, envíame amor para guiar mi corazón
y sanar mis pensamientos.
Sáname para tu beneficio,
y no solo para el mío.
Enséñame a reír de nuevo
después de tantas tristezas.
Amén.

SAL DE LA ZONA DE SOLEDAD

Comer en exceso no es un asunto relacionado con la comida, sino con las relaciones.

Tu peso ha sido, en algún nivel, una declaración de inaccesibilidad. Al sentirte separado de los demás, construiste un muro; y luego, después de haber construido el muro, te sentiste aún más separado de los demás. La separación se convirtió en un patrón, no solo en lo relacionado con tu cuerpo, sino en todos los aspectos de tu vida. Te rodeaste de un muro, física *y* energéticamente, mientras aprendiste a disociarte de los demás desde los detalles hasta los asuntos más grandes.

A veces, puedes haber dicho "no" de forma irrazonable a oportunidades de conexión humana; en otras ocasiones, puedes haber dado un "sí" de forma demasiado entusiasta o necesitada, lo cual te separó tanto como un "no". Te has desviado del camino en tu interior y en tu exterior. Debes tratar el tema de tu inaccesibilidad o seguirás desviándote de tu camino aunque logres bajar de peso.

El muro energético que te rodea no es visible al ojo físico. Consiste en patrones conductuales de los cuales es posible que estés muy consciente; y si no lo estás, entonces las personas que te conocen mejor seguro podrán ayudarte a identificarlos.

No tiene caso intentar que pierdas peso hasta que no llegues a un lugar en tu vida en donde verdaderamente *desees* acercarte más a las personas. Hasta que eso ocurra, la necesidad subconsciente de construir un muro será más fuerte que cualquier dieta que intentes.

Como notamos antes, para empezar, algo o alguien te llevó a construir este muro. Y de acuerdo a tu mente subconsciente, sigues necesitando protección de esa persona o evento. El subconsciente trabaja fuera del concepto del tiempo; el hecho de que ese evento haya ocurrido hace mucho tiempo y de que la persona ya no esté, representa una ponderación racional que significa muy poco para la mente subconsciente.

Únicamente una sanación milagrosa, algo muy simple para la mano de Dios, es lo suficiente poderosa para suprimir tu impulso primario de protegerte. Ese impulso es creado por millones de años de evolución; en su núcleo representa no la disfunción, sino el genio del sistema biológico. Lo que ocurrió es que hubo un cortocircuito en tu sistema y debe ser reprogramado. Estás protegiéndote de cosas que ya no te hacen daño, y no te estás protegiendo de cosas que sí podrían hacerlo.

Esta lección se enfoca en tu relación con otras personas, ya que tu compulsión habita en un lugar congelado que podrías llamar tu "zona de soledad". Ir más allá de cualquier muro que todavía te separa de los demás es esencial para tu sanación, pues te ayuda a invertir el patrón disfuncional estableciendo uno nuevo.

Un arma muy grande en el arsenal de tu mente temerosa, algo que te mantiene atrapado en el patrón de comer en exceso, es tu tendencia al aislamiento. Pues en el aislamiento, sientes permiso de autodestruirte. No hay nada ahí que te diga "no lo hagas", eres libre de sucumbir ante el deseo de tus antojos más intensos, sin el más mínimo reproche de tu parte, acallando cualquier reproche con los chillidos y las falsas delicias de tu compulsión. Una vez que estás solo con tu compulsión, no tienes poder para resistirla. Y esa es la razón por la que estar solo con ella es tan peligroso. Comienzas a notar que estar solo con tu compulsión es tan peligroso como estar solo con un lunático, lo cual en cierto modo así es. La compulsión en tu interior *es* una locura, y el único antídoto ante su poder es la consecución de la profunda lucidez.

Tu problema con el peso está invocando la más elevada expresión de tu verdadero ser, y tu verdadero ser está profundamente enamorado de la humanidad. Cada uno de nosotros lleva en sí la tendencia a separarse de los demás. Existe la soledad espléndida, pero el aislamiento no lo es. Aislarse es una defensa contra las relaciones; y para el comedor compulsivo es la forma de evitar lidiar con los demás para que solo tú puedas establecer con la comida una relación secreta, oscura y sórdida. La comida no te presiona. La comida te acepta. La comida te entiende. La comida te hace sentir mejor. Por cierto, la heroína funciona igual.

Comer en secreto representa un botín de locuras, desde atiborrarte de todo lo que puedas encontrar —¡salsa de chocolate caliente sobre esta galleta debe ser una delicia!— hasta pararte frente al refrigerador y darte un atracón a medianoche. El castillo oscuro de comer en secreto debe ser clausurado y completamente demolido.

La escritora Katherine Woodward Thomas me contó en una ocasión una historia muy liberadora sobre cómo salir de la zona de la soledad. Ella había sufrido de adicción por la comida por muchos años cuando joven, y en un determinado momento descubrió que su problema más grave era comer durante la noche.

No importaba toda la fuerza de voluntad que Katherine lograba mantener durante el día, había algo en las horas de la noche que hacía imposible superar sus antojos. Entonces se le ocurrió una idea, comenzó a decirles a las personas de su grupo de comedores compulsivos anónimos que ahora había un número de teléfono de atención a las personas que comían durante la noche, les dio el número, y, por supuesto, ¡era el de ella!

Katherine pasó noche tras noche *ayudando a los demás* a superar la dificultad de mantener la abstinencia nocturna, y con el tiempo logró interrumpir el patrón de su propio infierno de comer durante la noche.

Lo que ocurre en situaciones así no es algo insignificante. Ayudar a los demás lleva consigo un poder divino, lo reconozcas o no. Pero el poder divino no es metafórico sino literal, de hecho libera químicos tranquilizadores en tu cerebro. Estudios tras estudios prueban esto. Y el Espíritu hace más que calmarte: te sana. Invierte los patrones arraigados. No es nada más y nada menos que un milagro.

En mi propia vida, tuve una experiencia hace años que, aunque no directamente relacionada con la comida, demuestra el poder de salir del aislamiento de tu propio sufrimiento.

En una ocasión iba volando en un avión que perdió un motor sobre el océano Pacífico, y a raíz de esa experiencia desarrollé miedo al despegue de un avión. No tenía sentido racional teniendo en cuenta que el motor de aquel avión no se había dañado en el momento del despegue, pero mi miedo era mi miedo. Una vez que el avión atravesaba las nubes, me sentía bien. Pero hasta este momento, me sentía aterrorizada.

Recé pidiendo ayuda hasta que un día en un avión mientras esperaba el despegue, me encontré al lado de un niño de unos ocho o nueve años. Estaba sentado muy derecho y quieto, y me di cuenta que parecía contener las lágrimas.

Lo miré y le pregunté con suavidad:

—Pequeño, ¿estás solo?—. Asintió, mirando al frente con su labio inferior temblando.

—¿Tienes miedo? —le pregunté. De nuevo asintió.

—¿Te gustaría que te tomara de la mano? —le susurré en su oído. De nuevo asintió.

En ese momento salió mi instinto maternal en todo su esplendor hablándole con la misma suavidad que si le estuviera leyendo un cuento para dormir. Poco a poco mi voz comenzó a tener cierto ritmo y comencé a explicarle el proceso del despegue de un avión.

—El piloto está encendiendo ahora los motores..., ése es el sonido que acabas de oír..., ahora está acelerando mientras avanzamos por la pista..., en el momento perfecto, cuando el piloto sepa que es absolutamente seguro, los alerones de las alas comenzarán a moverse; ¿ los ves ahí?, ¡eso hará que se impulsen y elevará el avión al cielo! ¿Lo ves? ¿No es hermoso?... El piloto es un señor muy agradable, ¡él tiene el control y sabe muy bien lo que está haciendo para que el avión se eleve al cielo y nos mantenga a todos a salvo!

Uf. Parecía aliviado; y no era el único.

Cualquiera podría pensar que yo era un ángel enviado para tranquilizar a ese niño, pero claramente él había sido el ángel enviado para mi consuelo. Mi miedo por el despegue de un avión terminó ese día. Mi patrón de ansiedad se acabó por completo. En medio de mi miedo, acudí al amor; y mi miedo desapareció.

Tanto en el caso de Katherine como en el mío, el milagro se había manifestado como resultado de la conexión compasiva con otra persona, extendiéndose, siquiera por un momento, más allá de nuestros propios dramas dolorosos para prestarle servicio a alguien más.

Acercarse a los demás para ayudarlos es una parte integral de tu proceso de sanación, así como el aislamiento es una parte integral de tu enfermedad. El aislamiento es un hábito que formaste hace mucho, y se ha convertido en terreno propicio para tu compulsión. La mente basada en el miedo solo requiere de un instante para llevarte a su guarida, el lugar secreto donde nadie más puede entrar. Y en ese momento, empieza la carrera entre tú y la comida.

El propósito de esta lección es comenzar a desmantelar el patrón del aislamiento, atravesando el muro que te separa de los demás, y estableciendo un patrón de conexión en los lugares en donde tu corazón se ha entumecido. Este nuevo patrón es tu sendero a la libertad.

Puedes estar pensando que tienes relaciones maravillosas con los demás, y quizá así es. El aislamiento, no obstante, es un allanamiento en lo que de otra forma sería una maravillosa constelación de relaciones humanas. Debes desarrollar el hábito, en el momento en que te aíslas, de buscar a alguien más. Cuando te conectas con alguien, logras pasar por encima del portero a la entrada de tu zona de soledad.

La conexión que te salva en un momento así puede ser ofrecerle ayuda a alguien, o simplemente una expresión de tu propia vulnerabilidad. Podría ser: "Sé que estás trabajando dos turnos los sábados; ¿quieres que te cuide a tu hijo?". O algo así: "Hoy estoy teniendo un día muy difícil. Sólo quiero hablar contigo".

Puede ser que ya seas una persona servicial en extremo. Puede ser que la gente te mire y diga de ti todo *menos* que eres poco amoroso. La desconexión no solo es la desconexión de la necesidad de los demás, sino también de las tuyas. No es una falta de amabilidad explícita, sino una desvinculación. Y en cualquier momento de desconexión del amor, eres presa de la ilusión perniciosa de que tienes hambre cuando en realidad no es así.

Dado que solo se requiere un momento para deshacer el valor de meses de comer bien —lo cual te lleva en picada hacia atracones que pueden causar un desastre total en tu psiquis y en tu cuerpo— es imperativo que veas la conexión más profunda con los demás como una necesidad permanente. La sanación es una programación mental; es un proceso espiritual en donde dejas atrás una forma de ser y adoptas fundamentalmente una nueva relación con la vida. Con el fin de salir de la zona de soledad, es necesario entrar en la zona de conexión. Debes permitir que los demás vean tu amor y tus necesidades.

Ahora haz una lista en las páginas de tu diario de varias cosas que podrías hacer para incrementar tu conexión con los demás. Algunas veces es una actividad, mientras que otras veces es nada más un cambio en una actitud que permite que los demás se acerquen un poco más a ti.

Dos cosas ocurrieron en mi propia vida que me ayudaron a realizar cambios de tal magnitud. En una ocasión fue cuando conocí a una maestra espiritual de la India hace algunos años. Hacía quince minutos que nos habíamos conocido cuando sencillamente me dijo: "La rigidez y la distancia no están funcionando".

Su comentario me subyugó. Esa mujer, que nunca me había visto antes, me acababa de dar la llave para abrir la puerta que yo había cerrado dejando fuera a los demás. Al intentar defenderme, me había negado el amor. No importaba la razón de mi falta de interés: que hubiera comenzado a sentirme abrumada ante las necesidades ajenas, me hubiera herido su conducta, o que necesitara retirarme a mi propio espacio. Lo que importaba era la característica de la personalidad que yo había desarrollado como defensa contra el dolor.

Creas aquello contra lo que te defiendes. Por tratar de defenderme de que los demás me hicieran daño, había garantizado que eso *ocurriría*, pues mi conducta rígida y distante provocaba un criticismo que me dolía. Ver esto me liberó para el cambio.

El segundo ejemplo de algo que hizo que se derrumbara la pared que existía entre yo y los demás fue un comentario que hizo una vez mi hija. Dijo algo así como que yo era un poco fría cuando la gente se me acercaba después de mis charlas para que les firmara sus libros. Nerviosamente, le pregunté: "¡Oh Dios mío! ¿No soy cortés?". Ella respondió: "No mami, eres cortés. Pero siempre eres igual. Eres simpática, pero no eres muy personal. Eres agradable con las personas, pero no dejas que nadie en verdad se te acerque".

Reflexioné con profundidad sobre lo que dijo mi hija. Me di cuenta de cuánto amor impedí que entrara en mi vida al guardar las distancias con mi actitud profesional. Eso no quería decir que evitara establecer fronteras sanas, pero sí que había más amor disponible para mí del que me permitía sentir. En cualquier momento en que nos negamos el amor, activamos el trauma original que nos condujo a aislarnos en primer lugar.

Desarrollar una zona de conexión más profunda con los demás no es algo que debes eliminar de tu lista de cosas por hacer. No puedes simplemente *acabar con eso de una vez por todas*. No es una medicina que te tomas y vuelves a poner en tu mesita de noche una vez que pasa la enfermedad. Este asunto —como todos los demás asuntos de este curso— involucra una jornada de toda tu vida, la cual una vez que comienza, jamás termina. Es una jornada, no solo para recuperarte de tu problema con la comida, sino para conseguir una vida más llena de luz. Es una jornada hacia el corazón del amor, hacia los demás y hacia ti.

Cualquier día dedicado al amor es un día en que tu locura no tiene cabida. Puede golpear la puerta, pero no puede entrar. Cuando te conectas con autenticidad con otra persona, se rompe el hechizo de tu compulsión. Así como una persona que está en una temperatura bajo cero sabe que no le conviene quedarse dormida, así es tu responsabilidad de estar siempre alerta ante el peligro de una soledad total.

Cada día, en las páginas de tu diario, detecta cuando dejas entrar a los demás y cuando los mantienes fuera. Explora los lugares de tu personalidad y de tu estilo de vida en donde mantienes más espacio de lo debido entre tú y los demás, en donde la distancia es más perjudicial que sana. Incrementar la distancia con los demás incrementa tu conexión con la comida, pues corres en busca de la relación que en un momento estresante sientes que es con la que siempre puedes contar.

En realidad estás en conexión espiritual con las personas ya sea que te alejes o no de ellas, pues las relaciones ocurren a nivel de la mente. Místicamente, eres uno con todos los seres vivos. No puedes olvidarte de los demás y seguir recordando quién eres.

El simple acto de conectarte con otras personas comienza a romper las cadenas que te atan. Cada vez que sientas que el vacío se acerca, cuando deseas estar solo para digerir tu veneno, haz una llamada, da la vuelta mientras conduces tu auto, envía un correo electrónico, haz algo.

Cuando codicies el consumo de comidas altas en almidón, como un adicto a la cocaína, haz algo —aunque sea mínimo— para conectarte de manera amorosa con otra persona. Porque con cada paso correcto que das hacia los demás, te acercas hacia la experiencia de tu propio ser real.

Un instante a la vez, un nuevo patrón de respuestas a la vez, una interacción correcta a la vez, bastará para clausurar la puerta del horrible castillo tras de ti para nunca entrar en él de nuevo. Y desde la nueva perspectiva del lugar donde irás luego —el nuevo espacio donde las obsesiones no puedan irritarte— recordarás tu infierno con mucha gratitud, pues habrás logrado salir de él.

Tendrás un deseo profundamente arraigado de pasar el resto de tu vida, cada vez que sientas el llamado, ayudando a los demás a que escapen igual que tú. Con el tiempo el castillo psíquico que albergó tu infierno será demolido y no volverá a albergar a nadie más.

Un enfermo que se ha recuperado puede reconocer a otro enfermo, y la intención de un enfermo recuperado de sanarse desea cerciorarse de que ningún otro enfermo en su camino permanezca sin amor. A menudo solo se trata de una sonrisa, una bendición en silencio, pero es un amor enviado del cielo para sanarlos a ambos.

Recuerda colocar tu diario en el altar cuando hayas terminado.

Reflexión y oración

Cierra tus ojos y relájate en un espacio sagrado.

Pídele a la Mente Divina que te revele los asuntos que debes tratar en tus relaciones. Aparecerán ante ti imágenes..., patrones de relaciones donde podrías ser más vulnerable, servicial..., lugares de tu personalidad donde mantienes a los demás a distancia.

Pide que se te muestre cómo te presentas ante los demás, y cómo puedes expresar con mayor plenitud quién en verdad eres. En este espacio sagrado, en el interior de tu mente, serás transformado de alguien que evita el amor a alguien que lo acepta..., que lo recibe..., y está tan lleno de amor que no requiere de nada más para sentirse pleno.

Querido Dios:
Por favor derrumba los muros
que me separan de los demás
y que me aprisionan en mi interior.
Por favor sana los lugares donde me siento herido
y libera mi corazón al amor.
Ayúdame a conectarme con los demás

para que no vuelva a aislarme.
Sé, querido Dios,
que cuando estoy solo, tengo miedo;
y cuando tengo miedo, me autodestruyo.
Que lo que ahora sufro,
y he sufrido antes,
querido Dios,
no lo vuelva a padecer.
Amén.

Disciplina y discipulado

Puede ser que ahora estés experimentando el "efecto crepúsculo" de tu antiguo ser, tal como el sol parece brillar más justo antes del atardecer. Tu antiguo ser no se va a ir callado. Insiste en que no puedes vivir sin él, en que es tu ser real, y que todo tu mundo se derrumbará si él no está a cargo de las cosas. No te cantará con alegría: "Nos vemos luego", mientras se deja sacar con gracia de tu vida. Más bien, es muy probable que le den ataques de histeria en un esfuerzo por convencerte de que no puedes ni jamás lograrás deshacerte de él, así que no vale ni siquiera la pena que lo intentes.

"¿Qué dices?", dice con alaridos. "¿Crees que vas a lograr liberarte, acabar con tus problemas con la comida, perder peso y empezar de nuevo? ¡Pues estás loco si lo crees! ¡Jamás funcionará! ¡Yo soy tu consuelo; tu fortaleza y tu poder!". Y por supuesto, lo único que puedes hacer es darte por vencido. Seguir comiendo. No hacer ejercicio. ¿Para qué? Y así por secula seculorum...

No obstante, su intensidad solo es una fachada de su fragilidad. De hecho, tu antiguo ser es tan frágil que se está disolviendo. Al igual que la bruja mala del oeste en la película *El mago de Oz* se derritió cuando Dorothy le lanzó agua, este fragmento mutante y depredador tuyo ahora se está disolviendo en la nada de donde surgió. Como algo irreal, no puede sobrevivir ante el agua de la verdad. Cuando aceptas la visión de quién en verdad eres, comienza a desaparecer ese ser falso e ilusorio que se hizo pasar por ti todos estos años.

Has entrado con profundidad en el proceso de tu despertar, y de muchas maneras, descubrirás que será tan agobiante como temías. Las emociones salvajes y descontroladas que luchaste tanto tiempo por contener —creando, al actuar de este modo, tus apetitos físicos salvajes y descontrolados— están siendo totalmente agitadas.

Ahora está en todo su apogeo tu proceso de desintoxicación, tanto emocional como físicamente. Puede ser incluso que experimentes síntomas de abstinencia de químicos conforme dejas de consumir ciertos alimentos.

Como comedor compulsivo, has tratado la fiereza de tu naturaleza emocional con lo que irónicamente es un enfoque muy disciplinado de la vida: *Ahora vas a comer.* Has sido disciplinado, pero disciplinado por el miedo. Lo que puede parecerle a los demás o a ti como una completa falta de disciplina de tu parte, en realidad ha sido un acatamiento estricto a una autoridad interna y dictatorial. El problema es que la autoridad interna es la voz del miedo y la compulsión en vez de la voz de tu verdadero ser.

Conforme tu mente se realinea con tu ser real, tu cuerpo se realinea con *su* ser real. Como creación divina que eres, sabes con exactitud lo que debes hacer y cómo debes ser, en todos los aspectos de tu existencia. Tus apetitos corporales están programados naturalmente para seguir las instrucciones de una inteligencia divina. Sin embargo, comer en exceso ha sido como un pirata informático que ha reprogramado tu computadora. Lo que estamos haciendo ahora es programarla a su estado original.

Esta reprogramación no puede lograrse de un día para otro. Un aspecto de tu personalidad que ha sido perjudicado por tus tendencias adictivas es la habilidad de tolerar la incomodidad. Cuando sientes la necesidad compulsiva de comer, tienes que hacerlo cuando tienes que hacerlo. *Los resultados deben ocurrir de inmediato.* Y ahora es muy probable que ejercites la misma carencia de control sobre los impulsos y le impongas la misma intolerancia a tu proceso de perder peso. *Lo quieres y lo quieres ahora,* y si no ocurre de aquí al jueves, es muy probable que regreses a tus viejas costumbres, porque es obvio que esto no funciona.

Ahora es el momento de ejercitar la disciplina: no de tu apetito, sino de tus pensamientos. Sabes mucho sobre la disciplina del miedo, es hora de aprender sobre la disciplina del amor. El amor es misericordioso, gentil, comprensivo, paciente, clemente y amable. Así debes ser contigo cuando pasas por este proceso.

Nadie tiene que recordarte todos los esfuerzos que has hecho para perder peso en el pasado. No es que no lo hayas intentado. No obstante, la misma violencia que usaste contra tu ser cuando comías demasiado fue la misma que usaste cuando te desviaste de tus propósitos. *No eres bueno. Eres un fracaso. Eres débil. Te odio. Vamos a comer.*

Ahora observa lo que ocurre cuando asumes un enfoque amoroso ante la pérdida de peso. De alguna manera, estás reaprendiendo a alimentarte de igual forma que una víctima de un derrame cerebral aprende a hablar o a caminar de nuevo. Algunas veces, la acción más pequeña representa el avance más grande. Una mejora mínima puede ser un cambio radical del pasado.

Puede ser que para otra persona no sea algo importante, pero para ti, es extraordinario que te levantes una mañana y no sientas obsesión por lo que vas a comer hoy. Para ti, esto representa un cambio, el rompimiento de un patrón, creado en parte por la labor que has venido haciendo con este curso. Esto formará parte de la nueva persona que terminarás siendo, con una nueva conducta y un nuevo cuerpo. Te mereces todo el crédito por esto.

Por favor lee de nuevo la siguiente frase: *Te mereces todo el crédito por esto.* No menosprecies el significado de este cambio, pues el más pequeño rompimiento de la cadena de horror abre paso al comienzo de una nueva cadena: una cadena de pensamientos y apetito sanos. Este cambio, aunque pequeño al comienzo, debe ser afirmado, celebrado y tomado como un cimiento; lo cual no es posible si le restas importancia. No tienes el hábito de celebrarte cuando se trata de la forma en que comes, y te debes a ti mismo —y a este proceso— aprender a hacerlo.

La pérdida de peso consciente no involucra odio hacia ti; el odio es una blasfemia, lo cual significa que es opuesto a los pensamientos de Dios. Todo aquello que es contrario a la Mente Divina no puede de ninguna manera ser tu salvación, puesto que tu salvación yace en tu alineación con, y no en contra de, la divinidad. El amor y solo el amor puede sanarte. El cambio milagroso de la percepción significa que vas de odiar lo que has sido, a amar la posibilidad de quién puedes ser ahora.

Debes elegir tu nuevo ser para convertirte en él. Lo importante aquí no es de lo que te estás *alejando,* sino más bien, hacia lo que te estás *acercando.* No estás rechazando lo que no deseas, sino reclamando activamente lo que sí deseas.

La única forma de destruir la creencia subconsciente de que comer es la fuente de tu consuelo es reafirmando tu fe en que *Dios* es la fuente de tu consuelo. Tu relación con la divinidad no es algo que debes aceptar a regañadientes, como si "bueno, si *tengo* que hacerlo". Es la relación que más anhela tu corazón, te des cuenta o no. No puedes romper tu hábito disfuncional de hacer lo que te ordena tu mente temerosa excepto a través de continuar construyendo tu relación con el amor. Debes cultivar una pasión por lo que real y verdaderamente quieres, y lo que real y verdaderamente deseas es el amor.

Ese es el significado de discipulado, palabra que obviamente proviene de la misma raíz de *disciplina*. Tu problema no es *falta* de disciplina, sino más bien disciplina *mal enfocada*. Discipulado significa disciplinarte para servir a la divinidad.

La divinidad es la fuente de tu bondad, así como comer en exceso es la fuente de tu destrucción. Servir a la divinidad te lleva a tu propia sanación, así como servir a la mente temerosa te lleva a hacerte daño. Mientras practicas estas lecciones, el falso consuelo dará paso al verdadero consuelo, y la autodestrucción dará paso al sustento y cuidado personal. Todo esto es por una sola razón: para que estés más disponible para el amor.

Si piensas en eso, ¿no es extraordinario cuanta energía gastan los seres humanos evitando la idea de que el amor es la respuesta? ¿A cuántas líneas gratuitas de ayuda has llamado, cuántos médicos has visto, en cuántas clínicas has estado, cuántas cirugías has tenido que soportar, a cuántos seminarios has asistido, cuántas dietas especiales has intentado —que te han costado tiempo y dinero que apenas tenías— en un esfuerzo por tratar de hacer despegar un avión con un solo motor?

El amor no cuesta nada. Ni tiempo. Ni dinero. Ni esfuerzo, en realidad. No obstante, la mente temerosa, la mente que *es* tu compulsión, hará lo que sea para disuadirte de hacer lo único que tu mente sabe que la hará desaparecer en un instante. Pues la mente temerosa está en su propia búsqueda de auto conservación. No le importa que estés tratando de perder peso, porque sabe que sin la ayuda divina, estarás en sus garras para siempre. En efecto, le encanta hacerte trastabillar con una dieta más a la cual sabe que no te adherirás. De acuerdo con *Un curso de milagros,* el decreto de la mente temerosa, cuando se trata del amor, es que siempre buscarás, pero nunca encontrarás.

Comienza a prestarle más atención consciente a la forma en que tu búsqueda espiritual se ajusta a tus esfuerzos para perder peso. Expande tu mente a una motivación más emocional para la razón por la que, en primer lugar, quieres perder peso. ¿Es simplemente para verte mejor? Cierto que no hay nada malo en eso, pero por sí solo esto no atrae ningún apoyo espiritual. Como asunto corporal, mantienes tu conciencia atada al nivel del cuerpo y por consiguiente no es milagroso.

Una motivación más emocional sería para convertir tu cuerpo en un recipiente más resplandeciente. Cuando mores con más liviandad en tu mente, morarás con más liviandad en tu cuerpo. En ambos niveles se incrementa tu sentimiento de bienestar. Las decisiones de tu vida mejorarán en general conforme tu mente y cuerpo desarrollan apetitos más refinados. Tus elecciones de alimentos serán más espirituales cuando comiences a ver y a sentir tu cuerpo como parte de una matriz divina de amor. Este es el tipo de impulso milagroso que atrae apoyo cósmico. Alinea tus deseos con un mayor estímulo que va en pos de una vida más grandiosa, la cual está codificada en el funcionamiento del universo.

Tu motivación entonces se convierte no solamente en perder unos kilos, sino en conseguir la iluminación. No la iluminación de alguien sentado bajo un árbol en un lugar muy lejano de una parte remota del mundo, sino más bien la conciencia llena de luz de alguien que puede levantarse en la mañana sin el miedo de una seducción adictiva, de sentirse atraído contra su voluntad en el aturdimiento de la alimentación inapropiada, de alimentos demasiado procesados los cuales no puedes dejar de comer, y de la auto aversión crónica.

Estás en ese camino. La incomodidad de la desintoxicación emocional no significa que el proceso no está funcionando, sino más bien que sí lo está. No permitas que los fantasmas de tus antiguas emociones te acosen ni te desanimen. Se tomó mucho más que un día construir el mecanismo autodestructivo que te causó tanto sufrimiento, y se tomará más de un día reemplazarlo con algo nuevo.

Estás comenzando a entender. Una idea a la vez, una opción más sana a la vez, un momento libre de tus cargas a la vez, estás construyendo la estructura que contiene tu nuevo ser. Como consecuencia, conocerás la alegría. Este proceso te brindará resultados mucho más grandiosos que simplemente el placer de un cuerpo más liviano y más sano. Conocerás la satisfacción profunda de estar a cargo de tu propia vida.

Los cambios sutiles en tu manera de pensar pueden transformar radicalmente la química de tu cerebro. Mientras las voces mundanas pueden argumentar que solo el cambio conductual produce "cambios reales" —mientras que el cambio espiritual es apenas algo más que un juego de niños— la ciencia misma se está actualizando con la sabiduría más antigua respecto al poder de la espiritualidad. Las instituciones académicas más prestigiosas han conducido estudios que comprueban que las personas enfermas que reciben oraciones por su mejoría, salen antes de la unidad de cuidados intensivos, que las personas que asisten a grupos de apoyo espirituales sobreviven mucho más tiempo después del diagnóstico de una enfermedad terminal, y así por el estilo. La espiritualidad es más que simplemente un accesorio a lo que *realmente* hace falta para perder peso.

Si eres serio respecto a desear el poder de las fuerzas espirituales para ayudarte a perder peso, para ofrecerte al menos un "segundo motor" que te eleve milagrosamente por encima de las fuerzas de la adicción y la compulsión, debes entonces considerar esas fuerzas con un poco más que una deferencia casual. No te gustaría que un doctor del mundo te recibiera en su consulta con prisas; de igual manera, el Médico Divino requiere que pases un poco más de tiempo en su consulta con Él.

Así como lavas tu cuerpo a diario, debes también purificar tu corazón a diario. Cuando por negligencia, olvidas rezar y meditar con frecuencia —lo que significa a diario— dejas abierta tu puerta psíquica, y el ladrón *entrará*. Cualquier día, consciente y voluntario entregado a Dios, rezando porque su guía esté contigo, y que puedas ser un conducto de amor a lo largo del día, es un día en que quedas protegido del poder activo de tu mente temerosa.

Tus impulsos adictivos estarán alerta al más mínimo descuido de tu parte, y se aprovecharán de la más mínima ocasión ("no tengo tiempo de rezar ni de meditar hoy", "no tengo que reflexionar en este momento sobre mi conducta; ¡sé lo que estoy haciendo!", "estoy enojado por una muy buena razón; ¡esto no es cuestión de perdón!"), para regresar corriendo con toda su fuerza negativa y a todo vapor.

El propósito de esta lección es (1) establecer la importancia de "tiempo con el espíritu": el que te tomas cada día para alinear tu ser mundano con tu ser espiritual, y (2) ayudar a establecer este tiempo como parte de tu rutina diaria. La ayuda más poderosa para esto es la práctica de la meditación.

La verdadera meditación no es una simple relajación, pues involucra un cambio real de la conciencia. Hay muchos caminos para la meditación: cristianismo, budismo o judaísmo; el Libro de Ejercicios de *Un curso de milagros;* meditación trascendental, védica o vipassana y más. Una práctica seria de meditación es una de las formas más poderosas de desconectarte de tu mente temerosa y de sus atemorizantes dictámenes.

Prestarle demasiada atención al plano terrenal crea una tensión excesiva en el cuerpo. La meditación libera la mente de su apego al cuerpo, liberando por consiguiente el cuerpo para rectificarse. Cuando liberas tu mente de tus apegos físicos por un periodo de tiempo cada día, mejora tu relación con el mundo físico.

Algunas personas afirman categóricamente que no tienen tiempo para meditar. Pero la meditación *desacelera el tiempo.* Al desacelerar el tiempo, te desaceleras y reequilibras tu sistema nervioso. El estrés produce energía frenética, y la energía frenética produce conductas impulsivas. La meditación, al reducir el estrés, calma tanto tu cuerpo como tu mente.

La meditación es como un sellador que protege tu energía piadosa para que la luz no pueda escapar y la oscuridad no pueda entrar. A nivel emocional, te eleva cada vez más logrando un sentimiento de alegría cada vez más consistente. Al ocurrir esto, la atracción gravitacional de las necesidades autodestructivas se aminora y termina por cesar.

Pero la meditación es más que encender una vela y respirar profundo; es más que pasear por el bosque o declarar una intención hermosa. He escuchado a muchas personas decir: "Yo *sí* medito. Medito escribiendo en mi diario, leyendo literatura edificante, pasando tiempo a solas". Todas estas cosas son buenas, incluso las hemos recomendado como parte de este curso. Pero todo esto es relajación, inspiración y contemplación; *no* exactamente meditación. La meditación es algo más profundo, algo que en verdad cambia tus ondas cerebrales y para eso necesitas una práctica seria de meditación.

Existe una forma de meditación ideal para ti, y puede ser que ya sepas cuál es. Que hagas o no uso de esta medicina de los dioses depende por completo de ti.

Solo recuerda que la meditación es tan poderosa que la mente temerosa te dirá cualquier cosa para hacerte creer que no es poderosa, que no es para ti, que no tienes tiempo para practicarla. "No sé cómo meditar". (Pero puedes aprender). "Intenté meditar, pero no pude seguir haciéndolo". Cambia "no pude" por "no lo hice"). Es tu decisión, por supuesto, a cuál voz en tu cabeza escucharás, a cuál voz le creerás, y lo más importante de todo: a cuál voz seguirás.

Si tienes una práctica de meditación, entonces nada puede ser más importante para transformar tu relación con la comida que *practicarla*. Y si no tienes una práctica de meditación, pero pides en oración que te llegue una, empezarán a caer a tus pies libros o volantes que te llevarán a aquella que es la mejor para ti.

La adicción es una enfermedad espiritual; la oración y la meditación estimulan el sistema inmunológico espiritual. No estás combatiendo la enfermedad; simplemente estás abriendo tu mente a tanta verdad que la condición de la enfermedad ya no puede residir ahí. Tu meta es que la luz penetre en los más profundos y recónditos nichos de tu mente subconsciente, borrando viejos patrones y liberando tu mente a nuevos.

Comer en exceso es un acto de histeria y la meditación es el antídoto más poderoso para la histeria. La histeria ocurre cuando pierdes tu conexión consciente con el universo naturalmente ordenado, y en ese momento traumático tratas de absorber el choque del desorden cósmico agarrando un pedazo de comida en busca de consuelo. Ya se ha dicho lo suficiente de tu separación del amor; nuestro enfoque ahora es regresar a él.

Seguro que has vivido momentos en que el amor ha prevalecido y no te sentiste atormentado por tu compulsión. Momentos en que has pasado por tu cocina y no has sentido la necesidad malsana de comer de forma inapropiada. El problema es que la demencia siempre ha regresado, algunas veces cuando menos lo esperabas. Has aplicado varios esfuerzos para cesar temporalmente la abrumadora compulsión de recrear tu patrón, pero ninguno lo ha *detenido* por completo. Solo la mano de Dios puede hacerlo.

Por consiguiente, toda esta situación es una invitación al discipulado. Es hora de entregarle a Él *todo* tu tiempo, *todos* tus días y *todos* tus pensamientos. Tu mente es sagrada, pero tú debes encontrar ese conocimiento. Debes aceptar activamente la verdad para recibir su bendición. Pues todo momento que no entregas al amor, será usado por el miedo como tierra fértil para sus propósitos. Elige el amor, para que el miedo no te pueda volver a elegir.

El discipulado es un matrimonio sagrado. Los brazos de Dios es lo único que te puede sostener, mantener y proteger verdaderamente de todo daño. Una vez que has experimentado el abrazo de tu Amado Divino, quizá elijas comprometerte con Él. Prometerás serle fiel y "renunciar a todo lo demás". Una vez que haces este compromiso, rompes tu relación con el tirano de la compulsión que se ha hecho pasar por tu amante. Esto es de lo que trata el discipulado: un compromiso total que no deja espacio para nada más.

El discipulado es mucho, mucho más que algo ocasional; es un esfuerzo para sumergirte por completo en la luz del amor. Esto hará más que transformar simplemente tu forma de comer. Transformará toda tu vida.

Toma todo aquello que simbolice el sendero de meditación que te atraiga —desde el número de teléfono de un maestro de meditación del que escuchaste hablar, pero todavía no has llamado, hasta el Libro de Ejercicios de *Un curso de milagros,* o un rosario— y colócalos en tu altar para consagrarlos a la divinidad.

Reflexión y oración

Cierra tus ojos y relájate en tu espacio sagrado. Visualízate en tu templo interior: un lugar hermoso y sagrado. Visualízate recostado sobre una losa blanca y grande en el centro. La losa luce como un mármol frío, pero cuando te recuestas, sientes que estás sobre cojines cálidos y suaves.

Ahora observa al Médico Divino de pie con Sus manos sobre tu cuerpo. El ser divino está extrayendo de tu cuerpo toda la energía que no te pertenece, tanto física como no física. Respira profundo mientras observas esta imagen y permite que sea real para ti. Este conjunto de imágenes mentales no es una fantasía. El Espíritu siempre está presente, no sólo metafórica, sino literalmente.

Continúa con un ejercicio de *Un curso de milagros.* Con tus ojos cerrados, repite despacio para ti mismo: "En Su presencia entro ahora". Repite la frase una y otra vez mientras entras cada vez más profundo en un estado meditativo. Permítete pasar por lo menos cinco minutos haciendo esto.

Mientras practicas este ejercicio, con el paso del tiempo sentirás cada vez más su significado. Te ayudará a prepararte para una práctica de meditación formal y abrirá tu mente para absorber su poder.

Querido Dios:
Gracias por las cosas que he visto.
Mientras estuve en la cima de la montaña,
sentí mucha alegría.
Por favor envíame ángeles
para elevarme

y sostenerme siempre tiernamente en sus brazos.
No permitas que la demencia se apodere de mí,
más bien ilumíname para que pueda liberarme.
Coloca mis pies en un camino más elevado
y muéstrame cómo caminar en el amor,
para que pueda encontrar mi camino.
Amén.

PERDÓNATE Y PERDONA A LOS DEMÁS

De acuerdo con *Un curso de milagros,* todos los pensamientos crean forma en algún nivel. Si tu "mentalidad de sobrepeso" no cambia, aunque pierdas peso, retendrás una necesidad subconsciente y abrumadora de recuperarlo. Es menos importante la rapidez con la que pierdes peso, y más importante la forma *integral en* que lo haces; tu propósito es que tu mente, tus emociones y tu cuerpo, *todos,* "pierdan peso". El peso que desaparece de tu cuerpo, pero no de tu alma, simplemente se está reciclando en el exterior por un tiempo, pero es casi seguro que regresará. Es contraproducente, por lo tanto, luchar para perder el sobrepeso a menos que también estés dispuesto a abandonar las ideas que lo produjeron en su inicio y ahora lo mantienen en su lugar.

El juicio y el reproche son las ideas más pesadas de entre todas, ya que carecen de amor. Son producto de la mente temerosa, representando la energía más densa del universo: la percepción de la culpa de alguien. Aprender a perdonarte y a perdonar a los demás es el regalo más grande que te puedes dar en tu sendero hacia la pérdida de peso consciente.

Comer de forma compulsiva te separa de los demás, y el perdón sana esa separación. Una vez más, puede ser que tengas conexiones maravillosas con las personas, pero en cualquier lugar donde haya una fisura el diablo puede entrar. A menos que trates tus asuntos de las relaciones, siempre te acecharán en lo más profundo de tu mente, siendo capaces de activar el interruptor de la adicción en cualquier momento.

Con el fin de lidiar con tu pérdida de peso, desde una perspectiva integral, debes tratar los asuntos de las relaciones con la misma seriedad que tratas tus asuntos con la comida. Perder peso no sanará por sí solo tus relaciones, pero sanar tus relaciones te ayudará a perder peso.

El perdón es crítico, pues todos cometemos errores pequeños y grandes, y todos emitimos juicios pequeños y grandes. Cultivar una actitud benevolente suaviza el lado cortante del contacto humano. Es un aspecto de lo denominado expiación, o sea la corrección de nuestras percepciones desde el miedo al amor. El propósito de esta lección es expiar cualquier falta de perdón de tu parte, liberando el exceso de peso que yace pesadamente en tu corazón.

Hay dos filtros básicos a través de los cuales se pueden ver todas las cosas: el filtro del cuerpo y el filtro del espíritu. En la medida en que observes tu vida solamente a través del filtro del cuerpo, estás atado al cuerpo de una forma que no te sirve. Al estar atado al cuerpo, estás bajo el efecto de los apetitos corporales, ya sean sanos o disfuncionales. Pero cuando tu mirada se eleva, ofreciéndote la capacidad de ver más allá del cuerpo y hacia el dominio del espíritu, recibes un poder sobre tu cuerpo que de otra manera no tendrías. Al residir livianamente en tu cuerpo, éste se vuelve liviano.

¿Cómo haces eso? ¿Cómo ves *más allá* del cuerpo? Lo haces estando dispuesto a extender tu enfoque más allá de los dramas del plano material, recordando que más allá de este drama es donde está la verdad más auténtica de quien eres.

Sí, un amigo puede decirte algo cruel; pero en su corazón simplemente está perdido y solitario como todos los demás. Tu amigo sí te ama; pero por un momento se desconectó del amor cuando hizo ese comentario ofensivo.

No importa lo que te ocurra, puedes elegir cómo interpretarlo. Elegirás de manera consciente o subconsciente. Puedes enfocarte en el drama del cuerpo: las palabras desagradables de tu amigo, su error, su traición. Pero si lo haces, no lograrás escapar de la experiencia emocional de estar bajo el efecto de sus palabras.

Cuando eliges enfocarte en el drama material, en particular en el drama de la culpa, incrementas tu apego al plano material y por consiguiente tu vulnerabilidad a sus disfunciones. Perdonas porque deseas permanecer más allá de los dramas del mundo material, sobre todo del drama de tu compulsión.

Puedes elegir enfocarte en la inocencia de tu amigo, en su realidad divina que va más allá, y es más auténtica que su ser físico. Todos estamos hechos de amor, no obstante, todos cometemos errores. Al desapegarnos de un énfasis excesivo en los errores de otras personas, nos desapegamos del énfasis excesivo de los propios errores. Cuando atraviesas el muro de la separación —y no existe un muro más grueso que el del juicio— el muro se derrumba. Este es el milagro del perdón.

El perdón es como medicina preventiva. Cancela la mentira en el centro de la mente temerosa, despojándola de su habilidad para hacerte daño. La mente temerosa interfiere con tu sistema de radar, desconectándote de la Mente Divina y llevándote hacia pensamientos y conductas que destruyen tu paz interior. Te dice que no llegas a ser perfecto, arrancándote del recuerdo de tu ser divino. Desde ahí, es fácil convencerte que nadie más es perfectamente divino.

El mantra de la mente temerosa es: *culpa, culpa y más culpa*. Te arroja en una conciencia crítica —hacia ti y hacia los demás— condenándote a un sube y baja emocional entre el amor y el miedo. Ese sube y baja es inestable emocionalmente, y es una de las amenazas más grandes a tu sobriedad respecto a la comida.

La mente temerosa no tiene que convencerte de comer en exceso tanto como de que alguien es culpable, pues la percepción de la culpa es suficiente para sacarte de tu mente correcta y lanzarte a la enfermedad. Una actitud de perdón te saca —o te mantiene fuera— del sube y baja.

El perdón es recordar de forma selectiva. Es una elección consciente de enfocarte en la inocencia de alguien en vez de en sus errores. Se trata, en pocas palabras, de ser más condescendiente con las personas. Esto es útil para *ti*. El juicio y el reproche ponen estrés en el cuerpo de aquel que juzga y reprocha, y el estrés es una bomba de tiempo justo en el centro de tu urgencia adictiva.

Es "permaneciendo por encima" del drama del cuerpo que resides con mayor armonía en su interior. Tu cuerpo no fue creado para soportar la carga de tu apego exagerado a él, sino que fue creado como un recipiente de la luz de tu espíritu. Recordará con más facilidad cómo funcionar perfectamente cuando tú recuerdas la perfección en cada uno.

El perdón es increíblemente poderoso, no obstante, es ferozmente resistido. Hace muchos años, conocí a un hombre joven en un grupo de apoyo de SIDA que me preguntó: "¿Verdaderamente tengo que perdonar *a todo el mundo?*". A lo cual respondí: "Pues bien, no sé... ¿tienes gripe o tienes SIDA? Porque si solo tienes gripe, entonces, qué diablos, perdona nada más a unos cuantos..., pero si tienes SIDA, entonces sí, ¡trata de perdonar a todo el mundo!".

Seguramente que no le preguntarías a tu doctor: "¿En realidad tengo que tomarme *toda* la medicina? ¿Debo hacer *todas las sesiones* de quimioterapia? ¿Puedo solo hacer *unas cuantas*?". Tampoco dirías: Doctor, ¿puedo tomar la medicina solo cuando me siento mal?". No, medicina es medicina. La respetas lo suficiente como para tomar la cantidad que necesitas.

El perdón es más que algo bueno. Es la clave para vivir bien y por lo tanto para tu sanación; no es algo que aplicas de vez en cuando, sino algo que debe ser constante. Únicamente los maestros iluminados logran perdonar todo el tiempo, pero el esfuerzo en sí mismo mantiene a raya las flechas del ataque. Aferrarse al juicio, el reproche, el ataque, la defensa, el complejo de víctima y similares, es un ataque total hacia ti: y tú te atacas con comida.

Cuando perdonas a los demás, comienzas a perdonarte. Cuando dejas de enfocarte en sus errores, dejas de castigarte por los tuyos. La habilidad de liberar lo que tú piensas que son los pecados de los demás, te dejará libre para liberarte, dejando al lado esa arma particular con la cual te castigas de forma tan salvaje.

Perdonar libera el pasado para la corrección divina y el futuro para nuevas posibilidades. Cualquier cosa que sea que te haya ocurrido, ya *pasó*. Ocurrió en el pasado; en el presente no existe a menos que lo traigas a tu mente. Nadie te ha hecho nada que tenga efectos permanentes a menos que tú te aferres a eso de manera permanente.

Tu primera tarea con esta lección es identificar a aquellos a quienes no has perdonado. Debes saber que incluso la más ligera molestia con alguien es suficiente para sacar a tu sistema fuera del orden divino correcto. No te enfoques solo en las personas que te han traicionado o herido profundamente; piensa incluso en aquellos que por razones que parecen insignificantes, todavía te tientan a rehusarles tu amor. Pues cada vez que rehúsas tu amor, eludes tu milagro.

Usa las páginas de tu diario para hacer una lista de los nombres de todas las personas a quienes, en tu corazón, sabes que todavía juzgas. Puedes abarcar desde uno de tus padres hasta un político. Lo que importa es tu ira hacia ellos, no lo que son o lo que ellos hayan podido hacer. Cuando venga a tu mente un nombre, escríbelo, así como las emociones asociadas con esa persona: ira, dolor, traición, desprecio, miedo y así por el estilo. Explora tus sentimientos con toda la profundidad posible, y trata de no apresurar este proceso. Después de haber explorado tu falta de perdón, escribe estas palabras: "Estoy dispuesto a ver a esta persona de forma diferente". Escribe esta frase tres veces, pues es muy importante.

Las circunstancias dolorosas pueden formar un velo sobre tus ojos, haciendo que sea difícil apreciar la inocencia divina de los demás cuando su conducta ha sido tan opuesta a esto. Expresando tu voluntad de verlos de forma diferente, invocas el poder de la Mente Divina. Recibes la ayuda divina siempre y cuando estés *dispuesto* a perdonar. Recibes un recordatorio de quiénes son en verdad esas personas, más allá de las cosas que no te gustan de ellos. Algunas veces, lo único que hace falta es un pequeño ajuste en tu conciencia —un recordatorio de que quizá le estás reprochando a alguien algo que tú haces todo el tiempo— y algunas veces necesitas ayuda celestial para lograr quitarte una carga que de otra forma sería demasiado difícil de soportar.

Desde esposas abandonadas a víctimas del holocausto, he escuchado de cambios milagrosos en los corazones de aquellas personas que rezaron pidiendo ayuda y la recibieron. Algunas veces, perdonar es algo fácil, y algunas veces es algo enorme. No obstante, el perdón no es simplemente un regalo que le das a alguien más; es un regalo que te das a ti mismo. La densidad y el dolor de tus sentimientos negativos hacia alguien es un peso que cargas. Y estás aprendiendo a llevar una vida más ligera.

Este despertar involucra percatarte de la luz en los demás y también de la luz en ti mismo. Algunas veces la persona que más necesitas perdonar eres tú. Todos somos humanos, y la mayoría de nosotros hemos hecho cosas de las que nos arrepentimos. Todos cargamos muros frente a nuestro corazón, y todos nos sentimos culpables cuando le hemos hecho daño a alguien.

Observar tus propias transgresiones y redimirte por ellas es parte importante de tu sanación. Pues ya seas consciente o no, cualquier culpa que cargues te ha hecho sentir en un nivel más profundo que mereces ser castigado. Y comer en exceso es una de las formas en que te has castigado. Comencemos el proceso judicial para que puedas ser absuelto ahora mismo.

Escribe los nombres de todas las personas a las que piensas que les has hecho daño, cualquier error que sientes que has cometido, todo arrepentimiento que todavía lleves contigo. Discúlpate en tu corazón por cualquier transgresión que hayas cometido hacia los demás o hacia ti. Observa cada nombre o evento, y luego entrégalo con devoción en las manos de Dios. Pronuncia en voz alta tu nombre o el nombre de cualquiera a quien le debas una disculpa y di: "Lo siento".

Es tentador ignorar o minimizar las transgresiones que ocurrieron hace ya tiempo: *Oh bueno, eso ocurrió hace mucho tiempo...* En la misma medida que la mente temerosa es determinante para supervisar los malos actos de los demás, es excepcionalmente buena para pasar por alto los tuyos. Puede ser que alguien te haya hecho daño hace quince años y tú todavía sigas hablando de eso; pero, puede ser que *tú* hayas herido a *alguien* hace quince años y no hayas pensado en eso durante los últimos catorce. Pero hasta que no reconozcas y redimas una energía donde hubo falta de amor, permanece activa como una toxina activa envenenando tu vida.

Enmiendas de hace 20 años, siguen siendo enmiendas que deben realizarse. Si has herido a otras personas, incluso si ellos no recuerdan conscientemente lo que les hiciste, llevan en sus células ese dolor. Al igual que tú. A nivel del espíritu, todos somos uno, y lo que has hecho para perjudicar a alguien es un dolor que cargas dentro de ti.

Se requiere de mucha humildad para acercarse a una persona y ofrecer disculpas. Al comienzo puedes sentir vergüenza de admitir tu propio error. No obstante, esos son los momentos de verdadera maestría que te liberan de la prisión de tu propia demencia. Te has redimido de tu error y eres libre para comenzar de nuevo.

Tu disposición de reparar un agravio ante aquellos que has herido en el pasado conlleva más poder que mil planes de dietas. La mente temerosa es un sentimiento falso de uno mismo, es el de un ser humano aislado y separado. Cuando reparas agravios por haberle hecho daño a otro, reconoces que no estás separado, que existe más en la vida que tu propio drama. Reconoces que la experiencia de otra persona es tan importante como la tuya, y comprendes que al hacerle daño a otra persona, te haces hecho daño a ti mismo.

El cambio radical en tu mentalidad —de ignorar tus propias transgresiones hasta admitirlas y estar dispuesto a reparar agravios cuando sea el caso— es un milagro que produce consecuencias prácticas en tu vida. Cuando atraviesas el muro de la separación, éste comienza a derrumbarse.

La mente temerosa puede argüir que el perdón no tiene nada que ver con tu peso y con tus asuntos con la comida, pero si hay algo que debería estar claro para este momento, es que la mente temerosa miente. Estás comenzando a darte cuenta que la base de todos los problemas en tu vida es un sentido falso de separación entre tú y los demás, y entre tú y tu verdadero ser.

Toda jornada hacia la pérdida de peso permanente trata de tu sentimiento de aislamiento y del desespero que engendra. Manteniendo a raya el amor, has mantenido a raya tu ser sano y pacífico. Al perdonar a los demás, por fin eres libre para experimentar la alegría de sentirte cerca de ellos sin que hagan falta muros entre ustedes. Y al perdonarte, comprendes que mereces verte tan hermoso en el exterior como recuerdas, finalmente, lo hermoso que eres en tu interior.

Reflexión y oración

Practica esta meditación respecto a todas y cada una de las personas de la cuales te sientas separado por pensamientos y sentimientos de rencor.

Respira profundo y cierra tus ojos.

Ahora observa con tu ojo interior una visión de esa persona parada al lado izquierdo de tu mente. Observa su cuerpo, ropa, gestos y forma de actuar en el mundo. Visualiza una gran luz en medio del corazón de esa persona, extendiéndose hasta cubrir todas las células del cuerpo y más allá de su carne hasta el infinito. Visualiza mientras la luz comienza a brillar tanto que su cuerpo desparece en la sombra.

Observa con delicadeza una visión de tu propio cuerpo al lado derecho de tu visión interior. Aquí también, observa tus gestos, tu ropa, tu manera de actuar en el mundo. Y visualiza la misma luz divina en el área tu propio corazón, moviéndose y extendiéndose hasta cubrir cada célula de tu cuerpo y al infinito más allá de las fronteras de tu carne. Visualiza la luz brillar con tal intensidad que tu cuerpo comienza a desaparecer en la sombra.

Mueve lentamente tu ojo interior al medio de tu campo de visión, donde comienzan a fundirse la luz desde lo más profundo de la otra persona y la luz desde lo más profundo de tu interior. Simplemente, observa, y permítete ser testigo de la unicidad divina. *La unión que ves aquí es la realidad del amor.*

Pasa tanto tiempo como puedas con esta visión cada vez que lo hagas, lo mejor sería un mínimo de cinco minutos. Conlleva en sí el poder de una verdad sagrada arraigada en tu mente subconsciente.

Repite esta meditación, haciendo que ambas personas sean tu propio ser. Pide en oración una reconciliación divina entre lo que has sido y quien realmente eres. Permanece de una manera profunda en estas imágenes, y permite que la iluminación destierre toda oscuridad de tu mente. Esta es la reconciliación más elevada de todas: tú con tu ser real.

Querido Dios:
Por favor enséñame a perdonarme
y a perdonar a los demás.
Elimina los muros
que no dejan entrar al amor,
tras los cuales estoy prisionero.
Sana mi culpa
y elimina mi ira,
para que pueda renacer.
Suaviza mi corazón,
fortalece mi espíritu
y enséñame a amar.
Amén.

HONRA EL PROCESO

Existe la posibilidad de que para este momento ya estés harto de este curso. Puede ser que ni siquiera hayas logrado llegar hasta este punto, sino que abriste el libro al azar y por casualidad estás leyendo esto. Puedes estar pensando que es demasiado difícil, un reto demasiado grande, o quizá que todo esto es un montón de tonterías. Puede que todavía no hayas visto cambios reales en tu báscula ni en el espejo, y hayas decidido que para ir en la Lección 18 ya deberías haber tenido *algo* de éxito. Es evidente que esto no es un milagro, quizá lo mejor sería olvidarlo.

¿Comprendes cómo funciona la mente temerosa?

Esta es la forma en que funciona la mente temerosa para *todos*. En una persona sería algo así: Ni siquiera deberías intentar terminar de escribir esta novela que estás escribiendo, pues nunca lo lograrás y de todas maneras jamás serás una buena escritora, según la mente temerosa. En otro caso sería: No vale la pena que intentes ir a esa entrevista, porque hace demasiado tiempo que estás fuera de circulación y en todo caso, las empresas solo están contratando personas más jóvenes, de acuerdo con la mente temerosa. En el caso de otra persona: No deberías intentar vestirte bien y lucir agradable, porque de todas maneras no eres atractiva, según la mente temerosa. La mente temerosa vive en todos, pero nos habla de forma diferente a cada uno de nosotros. En tu caso, está obsesionada con tu peso, porque tú lo estás.

Aprender a vivir con los desengaños y fracasos comunes de la experiencia humana —en particular con la forma en que los interpreta la mente temerosa— es parte de tu maestría espiritual.

La maestría no significa que vas a llegar a un punto en donde nada salga mal, significa que llegará un a punto en donde puedas soportar y transformar lo que está mal. La maestría significa que puedes salir a flote más veces de las que te hundes en la vida, no porque no haya contracorriente, sino porque has aprendido a nadar bien. Eres fuerte espiritualmente y estás en forma. Has desarrollado una musculatura en tu actitud, y eso te ayuda a seguir adelante cuando sientes el impulso gravitatorio de cualquier cosa que te esté tentando.

La maestría no es sobrehumana, sino profundamente humana; aceptando en vez de resistiendo la idea de que en ciertos días te sentirás maestro de nada y esclavo de muchas cosas. No permitas que te desmotive el hecho de que te has desviado de tu camino, te estés desviando de tu camino, todavía no hayas perdido peso, no puedas soportar las lecciones, o todavía te sientas una gorda o un gordo derrotado. Todo esto es parte del proceso. Además, tu éxito está garantizado.

Ahora es que agarra fuerza la mente temerosa. "¡¿Qué *quieres* decir con eso de que mi éxito está *garantizado?!* ¿Garantizado por *quién?*". Es como si dijera: ¿Cómo te atreves a decir eso?

Pero es mi creencia —y puedes usar mi fe si lo deseas— que Dios secará todas tus lágrimas, le ganará la partida a tu odio hacia ti, y que en Él está la victoria al momento en que ponemos en Sus manos la batalla.

Nada de esto significa que cada día será un día feliz. La pérdida seria de peso es una experiencia profundamente transformadora; está rompiendo una cadena que te ha mantenido atado durante mucho tiempo, y es apenas razonable esperar que algunos días sean más difíciles que otros. Esto no es simplemente una batalla física; es una batalla espiritual. La mente temerosa te ha robado tu autocontrol... y Dios lo está tomando de nuevo.

Famosa es la frase que Winston Churchill le dijo a las tropas británicas durante la Segunda Guerra Mundial: "Este no es el final. Ni siquiera es el comienzo del final. Pero es, quizá, el final del comienzo". Este curso no es algo que se termina en 21 lecciones. Es un medio para perder de peso y mantenerlo. Su fundamento no es una meta tanto como un proceso por medio del cual se logra la meta. No lo sigues exclusivamente para perder peso, sino con el fin de convertirte en la expresión más resplandeciente de quien eres como ser humano.

Si tu única meta es perder peso, entonces esperemos que lo logres, pero aún así cargarás con otros asuntos que no pueden ser negados. Asuntos de tu vida, en apariencia no relacionados con el peso, se han acumulado en tu relación con la comida.

En cualquier momento en que te sientas agobiado por una pasión intensa de comer en exceso, recuerda que esa pasión no es el problema en sí. El problema es que en un momento en que comes mal, tu pasión por la vida se desplaza a un lugar que no te brinda vida, sino que más bien la extrae de ti. Este curso construye una desviación que aleja tu pasión de la comida y la dirige de nuevo hacia Dios.

A lo cual la mente temerosa dice: "Jódete. No lo haré". Solo quiero asegurarme de que te das cuenta de esto. La mente no puede servir a dos amos, y jamás en tu vida la elección entre estos dos ha sido tan clara: en cualquier momento eres anfitrión de Dios o rehén de la mente temerosa. No es suficiente decirle no a una vida de temor; debes decirle sí a una vida de amor. Siempre y cuando trates de mantenerte neutral, comerás en exceso.

El peso es tu prueba decisiva. Es el lugar donde experimentas la batalla final espiritual entre las fuerzas del miedo y las fuerzas del amor; en términos psicológicos: entre el apetito disfuncional y los impulsos sanos. La decisión que estás tomando no es solamente si saldrás *del* infierno de tu compulsión, sino si te elevarás *al* cielo donde todas las posibilidades gozosas te esperan. La mente temerosa te lleva al dolor con la misma certeza que la Mente Divina te lleva al gozo. Las diversas formas en que la gente se anestesia hoy en día —ya sea a través de sustancias ilegales o drogas lícitas— es un lamento de lo más profundo de su ser que dice: "Por favor, no me obligues a elegir".

Pero debes hacerlo, pues la zona de falsa neutralidad se ha convertido cada vez más en algo insoportable para ti. *Verás* la luz de tu verdadero ser, y la única opción que tienes es cuál será el camino que te conducirá hasta allí. Tan misericordioso es el universo que incluso un camino en la oscuridad incluye el camino de regreso a la luz. Las plumas del pavo real se forman cuando comen y digieren las espinas. Has estado consumiendo las espinas de la adicción y la compulsión por mucho tiempo, ahora las estás digiriendo espiritualmente, preparándose en tu interior para su transformación de algo feo en algo hermoso.

Hay una frase en el Nuevo Testamento que dice: "Lo que el hombre ve malo, Dios lo ve bueno". La Mente Divina no solo desterrará tu compulsión, la usará para elevarte más de lo que hubieras podido, si no hubieras experimentado dichas profundidades. Surgirás de esta experiencia sin sentir compulsión por la comida, así es. Pero también saldrás lleno de una luz que solo podrás emitir debido a que digeriste dicha oscuridad. Tal es la grandeza de Dios.

No te sientas emocionalmente derrotado por el tiempo que te tome transformar esos viejos patrones. No observes el espejo para confirmar tu fe. Cuando una mujer acaba de quedar embarazada, el ojo externo no puede verlo, pero con el tiempo lo hará. Tu espejo puede mostrar cambios en tu cuerpo, pero no muestra los cambios en tu mente. En un día dado, el espejo te muestra lo que estabas pensando el día de ayer, pero es lo que está ocurriendo en tu corazón hoy, aquello que crea lo que será tu vida mañana. Reduces el peso de tu cuerpo expandiendo tu mente.

Un proceso espiritual no es un remedio rápido; es un milagro impreso en ti por la Mente Divina. Es una ayuda que te llega desde más allá de este mundo. No es algo que tú puedes hacer que "simplemente ocurra", pero puedes honrar el proceso misterioso por medio del cual ocurre.

Para la mente temerosa, el propio concepto de misterio espiritual —en particular en lo relacionado con la pérdida de peso— suena ridículo. La mente temerosa está apegada al cuerpo, y quiere asegurarse de que tú también estés apegado a él. Si los ojos del cuerpo no registran una mejoría en tu peso, la mente temerosa te dirá: "¿Ves? ¿Ves?". Y si los ojos del cuerpo llegan a registrar alguna mejoría, la mente temerosa dirá: "¡Ah! ¡Pero seguro que esto no durará!".

¿Qué esfuerzo puede ser más valioso que tomar un tiempo para tratar de acallar cada mañana y cada tarde la mente temerosa? ¿Escuchar más bien la voz de Dios? No te sentirás agobiado por el vacío, tan pronto lo llenes con la divinidad.

No importa lo mucho que se tome. No importa todas las veces que has tenido éxito y luego has fracasado una y otra vez. Al final, vas por buen camino, pues se lo has entregado a la autoridad divina.

Tu motivación es diferente ahora, y esto marcará completamente la diferencia: estás en una búsqueda para encontrar el cáliz sagrado de tu ser auténtico. Estás escalando más allá de las turbulencias de tu forma de comer compulsiva, no solo porque deseas perder peso, sino también porque deseas la serenidad que se encuentra en alturas más elevadas. Allá en lo alto, no cargarás monos en tu espalda, pues los monos no pueden sobrevivir a esas alturas.

Cada vez que logres hacerlo bien —sin importar lo grande o pequeña que sea tu victoria—estás reafirmando tu poder espiritual y estás recuperando la autoridad sobre tu vida. Ya sea que rechaces un helado o te pongas tus zapatos de gimnasia sin el más mínimo deseo, estás ganando.

Estás experimentando la fuerza de tu verdadero ser: el que se está sanando, que se está transformando, que se está elevando, que se está convirtiendo en sobrio respecto a la comida. El acto positivo fue un ejemplo de tu ser real iluminando el camino, aunque haya sido por un instante, a través del velo de la compulsión hasta convertirse en su encarnación total. El impulso antigravitatorio de la gracia te está atrayendo a las alturas.

Y por eso, nos deleitamos. Un momento de verdad —y tu ser real *es* la verdad— reprograma mil años de mentiras. Una nueva condición abre su paso en tu experiencia. Incluso la idea o acción más pequeña de la mente correcta: "Estoy pasando cerca del refrigerador, pero decido no abrirlo"; "No me anestesio con alimentos demasiado procesados, porque elijo estar más disponible para la vida"; "Mi cuerpo es un templo sagrado y quiero alimentarlo con comida sana y nutritiva"; "Resplandezco e irradio luz en mi espíritu y mi cuerpo lo refleja", acelerando el proceso por medio del cual se forman nuevos apetitos y nuevos patrones de conducta.

Trata al máximo de ser paciente durante este proceso. Apóyate evitando situaciones donde es muy probable que te sientas tentado a una conducta adictiva. Mereces el mismo apoyo de tu parte que le darías a cualquier amigo o familiar a quien amas.

Sé lo suficiente comprensivo contigo mismo para decir "no", cuando la acción más poderosa sea decir "no". No solo para evitar la comida, sino para afirmar tu ser más poderoso. "No, no voy a ver la mesa de los postres. No, no saldré esta noche porque sé que mi grupo de amigos estará alrededor de comida. No, no voy a comprar esa bolsa de chocolates".

Y sé suficiente comprensivo contigo mismo para decir "sí", cuando la acción más poderosa sea decir "sí". "Sí, voy a probar esa ensalada de col, aunque nunca antes haya probado este tipo de comida. Sí, voy a buscar el disco compacto de yoga. Sí, caminaré por el parque y permitiré que mi cuerpo se sienta más sano y productivo". Incluso los esfuerzos más pequeños pueden producir enormes efectos.

Algunos de estos efectos van mucho más allá de la pérdida de peso, influenciando también tu mentalidad sobre otras cosas. Por ejemplo, esta situación te ha ofrecido la oportunidad de comprender mucho mejor el sufrimiento por el cual muchas personas pasan en sus vidas a diario. Tus propios esfuerzos para transformarte te han hecho comprender con más profundidad, tanto el dolor como las oportunidades de redención de la raza humana. A través de tu sufrimiento, llegarás a obtener una sabiduría real; y a través de tu sabiduría, conocerás la alegría.

Pero, realmente, ¿estás listo para sentir alegría? ¿Estás listo para ser alguien que no sufre por esta compulsión? ¿Quién no está obsesionado por la comida? ¿Quién no actúa contra su propio interés de formas tan perniciosas? ¿Estás listo para liberarte no solo de la conducta de comer en exceso, sino también de la conciencia misma de la persona que come en exceso? ¿Estás listo para que la comida deje de ser la *gran cosa* en tu vida? ¿Estás listo para nacer de nuevo espiritualmente en la luz de tu ser verdadero como un hijo de la divinidad, sobre quien dicha oscuridad de la compulsión por la comida no tiene dominio alguno? ¿Estás listo para dejar ir los hábitos psicológicos y emocionales, no solo los físicos, que han alimentado tu compulsión?

Estas son las preguntas que la vida coloca frente a ti. Si tu respuesta es un sí apasionado a todas ellas, entonces estás en camino a tu renacimiento. Incluso si es un sí un poco gastado, tu camino a seguir está garantizado.

Ahora tu tarea es escribirle una carta en un estilo cariñoso al impostor que se ha hecho pasar por ti, él que va a hurtadillas a la cocina para comer lo que encuentre, él que conduce el auto buscando por doquiera en tu vecindario algo abierto para conseguir que comer, él que no puede controlarse cuando ve comida, él que se esconde en ropa de tallas grandes y no soporta verse en el espejo. Ése no eres tú; es una ilusión que se ha infiltrado hasta manifestarse en una realidad tuya tridimensional y se irá al instante en que se lo ordenes. Eso mismo quiso decir Jesús cuando dijo: "Apártate de mí, Satanás".

No te desesperes, ni siquiera en un momento en que te des por vencido y comiences a comer, cuando comprendes horrorizado que vas camino a la oscuridad y que estás en terreno resbaladizo. Cuando escuches a tu mente temerosa argumentando: "Bueno, ya me comí todo este pastel, así que qué importa si me como unos cuantos dulces más. ¿Para qué parar ahora? Ya lo arruiné todo, ya mejor sigo", aduéñate de tu poder y dale la orden de partir al impostor.

Rehusarte a comer el primer bocado de pastel no es tu única oportunidad de ejercer tu poder. Es tan valioso como cuando te has comido ya todo el pastel, pero rehúsas una segunda rebanada o una bolsa entera de caramelos rellenos de chocolate en tu despensa. Cualquier punto del proceso es un momento de poder, es un momento de elección consciente en beneficio de tu ser sano y amoroso.

Pronuncia en voz alta: "En nombre de Dios, te ordeno que te vayas". No tienes por qué creer que esto funciona: lo descubrirás por ti mismo.

La carta que vas a escribir ahora es una orden y un adiós. Es un permiso de ausencia, una declaración de independencia de un amo a quien ya no le permitirás que te esclavice, y con el cual ya no estás de acuerdo en conspirar. Recuerda que la carta, una vez que la termines, pertenece a tu altar.

La carta incluye tres partes:

1. Por qué te he permitido vivir en mí y las formas en que te he dicho "sí":

Ejemplo: *Por más que te odiara, me escondía tras de ti. No tenía en verdad que ocuparme de mi vida, porque siempre tenía la excusa de por qué esto o aquello no era una verdadera opción para mí. Al esconderme tras de ti, no tuve que enfrentar mi miedo de ser delgado y hermoso ni de participar realmente en mi vida.*

2. Por qué ya no te necesito y lo que he llegado a comprender:

Ejemplo: *Aprendí que existe una fortaleza en mi interior que no conocía. Comprendí que hay un espíritu divino en mí, y no le ayudo a nadie al rehusarlo. Es un regalo de Dios y es humilde, no arrogante, vivir en este espíritu. Soy hijo del Creador Divino, y es mi responsabilidad con el universo, no solo un regalo para mí mismo, recibir su espíritu y permitir que me dirija en todo lo que hago.*

3. Lo que te digo ahora a través de la autoridad de la Mente Divina:

Ejemplo: *Lo que tuvimos se acabó. En nombre de Dios, te doy la orden de liberarme. En nombre de Dios, te ordeno que te vayas. En nombre de Dios, la puerta queda sellada tras de ti. Y así es.*

Tu carta es un complemento a un párrafo de mi libro *Volver al amor,* que ha resonado con muchas personas que anhelan repudiar su debilidad y aceptar su fortaleza otorgada por Dios:

> Nuestro miedo más profundo no es que seamos incompetentes. Nuestro miedo más profundo es que somos poderosos más allá de toda medida. Lo que más nos causa temor no es nuestra oscuridad, sino nuestra luz... Nos preguntamos, ¿quién soy yo para ser brillante, maravilloso, talentoso y fabuloso? En realidad, ¿quién eres para *no* serlo? Eres un hijo de Dios. Menospreciarte no le presta ningún servicio al mundo. No es de ninguna utilidad empequeñecerte para que otras personas no se sientan inseguras a tu alrededor. Al igual que los niños, nuestro propósito es brillar. Nacimos para manifestar la gloria de Dios que está en nuestro interior. Eso no es parte solamente de algunos de nosotros; sino de todos. Y cuando permitimos que brille nuestra propia luz, inconscientemente les damos permiso a los demás de que hagan lo mismo. Cuando nos liberamos de nuestros propios miedos, nuestra presencia automáticamente libera a los demás.

Es posible que todavía no te sientas por completo liberado de tu propio miedo. Pero estás llegando a ese punto. En la santidad de tu propia mente, estás comenzando a ver la silueta de un ser que ha dejado su infierno atrás. Considera la sola idea de su existencia; inhala la idea; acepta la posibilidad y ese ser comenzará a tomar forma.

Tu ser sano no es la expresión de una situación que has "manejado", sino más bien la de un ser totalmente transformado. Todavía no se ha arraigado a profundidad en tu sistema nervioso, pero ya se ha arraigado en tu alma. Como el recuerdo de tu ser real, es una creación de la divinidad. Y lo que ha sido creado por la divinidad no puede ser increado. Tu ser verdadero, libre de cualquier tormento relacionado con la comida, ya vive en el dominio de la Mente Divina y está esperando tu permiso para nacer en el mundo.

Me uno a ti en la convicción absoluta de que tu ser *nacerá*. Ese ser personifica algo mucho más glorioso que una simple relación sana con la comida. Te brinda una paz que solo el amor puede otorgar.

Durante esta época de gestación, ten fe en lo que está ocurriendo en tu interior. No permitas que las apariencias te engañen. No observes tu carne haciendo muecas de dolor. No observes ni sucumbas a la autoagresión. Sí, sin duda queda algo de la vieja carne, pero su origen se está desvaneciendo mientras lees esto. Observando tu cuerpo, comprende que es una condición cambiable. Tu carne simplemente respondió a tu mente. Ahora celebra que estás *cambiando* tu mente.

El vientre de tu conciencia ha sido impregnado de una idea divina: es posible un ser más libre y más perfecto de una manera permanente. Esta impregnación es un misterio en el que tu alma debe entrar, mientras permites que ocurra un proceso milagroso de muerte y renacimiento. El viejo tú, el tú obsesivo —aquel que carga con todos los patrones de tu dolor— ahora cesará de existir.

Ya no serás quien eras; y ahora resplandecerá para lo que fuiste creado. Tu nuevo ser está formándose en un lugar sagrado; en el dominio de las posibilidades infinitas que reside en tu corazón. Dirígete allí y lo encontrarás. Te está esperando. Aparecerá en un abrir y cerrar de ojos.

Reflexión y oración

Cierra tus ojos y relájate en un espacio meditativo.

En el lado izquierdo de tu mente, observa cómo te manifiestas de forma adictiva, conduciéndote de forma compulsiva. Ahora, en el lado izquierdo de tu mente, observa tu ser real, tu ser libre, tu ser sobrio, tu ser radiante. Observa las cuerdas de la oscuridad y de la disfunción, gruesas y feas, que conectan tu ser real con tu ser adictivo.

Visualiza ahora un ángel enviado por Dios, que se acerca a cortar las cuerdas con unas tijeras de luz. Observa con cuidado mientras el ángel *corta las cuerdas*. Las cuerdas son oscuras y están enredadas, sin embargo las tijeras divinas las atraviesan y las cortan. Obsérvalas caer al suelo y hundirse por debajo de la superficie de la tierra desapareciendo para siempre. Escucha los ángeles cantando en el fondo. Sé testigo de cualquier cosa que ocurra ahora y agradece por tu libertad.

Querido Dios:
Estoy listo para morir a quien solía ser,
y nacer a quien deseo ser.
Pero no puedo hacer ninguna de las dos por mí mismo.
Transfórmame en los niveles más profundos,
para que ya no sufra más
el dolor de lo irreal.
Impregna mi alma con la semilla
de mi verdadero ser
para que pueda conocer al fin la alegría y la paz.
Amén

DAR A LUZ A QUIEN REALMENTE ERES

Perder peso es una condición controlada o un milagro. Si es una condición controlada, es maravilloso, pero yace en una base inestable. Si es un milagro, descansa en Dios.

No tiene mucho sentido tratar de manifestar tu ser más delgado, a menos que sea un ser delgado con altas probabilidades de *permanecer* así. De otro modo, terminarás regresando a la esquina del infierno donde tu alma se lamentará horrorizada: "No puedo creer que lo haya hecho de nuevo...".

Necesitas entonces, algo más que perder peso. Necesitas un milagro. No obstante, cuando estás en el trance de un impulso adictivo, no estás disponible para recibirlo. Con el fin de dar a luz el milagro de tu nuevo ser, debes estar abierto al amor que perfora tu escudo invisible.

Un milagro es un cambio en la percepción del miedo al amor, creando grandes logros en tu experiencia al crear grandes logros en tu mente. Gran parte del trabajo involucrado en este curso ha sido explorar exactamente qué es aquello que temes..., en particular en lo relacionado con los demás. Esta lección trata de identificar cualquier temor que puedas albergar respecto a un aspecto tuyo: tu posible ser nuevo.

El universo, siendo el manuscrito de Dios, es un flujo continuo de amor. No obstante, la mente temerosa intenta bloquear el amor casi con la misma continuidad que el espíritu lo envía. Te mantiene atrapado en patrones repetitivos que evitan que te conviertas en el ser que eres capaz de ser. Siempre y cuando tu mente esté al servicio del miedo, eres esclavo de tu pasado. Solo cuando estás al servicio del amor, te liberas para avanzar hacia un futuro verdaderamente nuevo y diferente.

Es obvio que no sirves de una manera consciente al miedo. El problema es que el miedo permea el éter del mundo en el cual vives, y el miedo cultiva el impulso adictivo. La mente temerosa sabe que si llegas a vivir a plenitud, tendrá que morir. Está literalmente luchando por su vida, al igual que tú.

No obstante, no puedes lidiar de una manera directa con la mente temerosa. No puedes deshacerte de ella luchando contra ella, solamente trascendiéndola; no atacándola, sino reemplazándola. Has pasado mucho tiempo diciéndole no a tu adicción, pero la clave de tu libertad yace en decirle sí a tu posible ser nuevo. El propósito de esta lección es eliminar todas las barreras que todavía te impiden que te conviertas en tu ser más verdadero.

Para convertirte en tu ser más verdadero, debes aceptarlo activamente. Pero no puedes hacer esto si te sientes ambivalente respecto a este aspecto tuyo, o incluso neutral. En la ausencia de una invitación sincera, no puede llegar. Este futuro tú —el que vive las manifestaciones más elevadas de tu potencial divino— no puede atravesar el velo de la mente temerosa y simplemente llegar a ti. Es tu elección —la elección de tu ser actual— si eliminas o no el velo y avanzas hacia ese ser. La única forma de darlo a luz en el mundo es amándolo con todo tu corazón.

Es una gran decisión aceptarlo o no, pues al hacerlo serás uno con él. Y debes estar listo para esto. Sabes en tu corazón que al convertirte en él, perderás algunos aspectos de tu personalidad actual. Tu identidad ha estado ocupada siendo quien eres ahora, aunque estés lleno de ciertos aspectos de temor y autoagresión. Cuando observas tu resistencia, puedes comenzar a eliminarla. Cuando observas tu miedo, puedes comenzar a entregárselo a Dios. Aquello que es posible solo se convierte en probable cuando y si es atraído por el amor.

¿Y quién es tu nuevo ser? Primero que todo, te ama por completo; ¿ocurre eso verdaderamente con el ser que eres ahora? Se siente cómodo en tu cuerpo; ¿es eso cierto con el ser que eres ahora? Tiene una relación sana con la comida: ¿Es eso cierto con el ser que eres ahora? Piensa que eres hermoso o hermosa; ¿es esto cierto con quién eres ahora? Es importante —de hecho, es necesario— darte cuenta de estas diferencias en tu alineación con tu verdadero ser, pues solo así puedes entregarlas a la Mente Divina para su sanación. Si no las entregas, puede ser que llegues a describirlas pero no las eliminarás. Estas diferencias en realidad son la membrana más delgada. Son apenas pensamientos. Pero no hay una pared más inflexible que aquella conformada por ideas llenas de temor. Así como no hay nada que pueda eliminar completamente esa pared más que los pensamientos de amor.

Enfrentemos ahora tu miedo más grande: dar a luz a tu nuevo ser. No es tu miedo a estar obeso, sino tu miedo a estar delgado; tu miedo a sentirte libre, tu miedo a ser un ser extraordinario, tu miedo a ser tu potencial más gozoso. Pues entonces, ¿quién serás? ¿Qué harás contigo mismo? ¿A quién amarás? ¿Quién te rechazará? ¿Qué harás cuando las personas se te acerquen con una vibración o atracción sexual? ¿Qué dirá la gente de ti? ¿Cómo te vestirás? ¿En dónde encajarás?

Usa las páginas de tu diario para hacer una lista de todas las cosas que temes respecto a estar delgado. Ahora escribe una lista de todas las cosas que anhelas experimentar al estar delgado. Advertirás que algunas de esas cosas son muy diferentes, pero algunas son exactamente iguales.

Por ejemplo, puede ser que temas *y* te encante la idea de verte sexy. Reconociendo la ambivalencia —observando cómo dichos impulsos pueden cancelarse mutuamente— entrégala a la Mente Divina para su sanación.

Enseguida, escríbele una carta a tu nuevo ser. Dile por qué le temes, y por qué te sientes nervioso de que se haga realidad. Dile esas cosas con honestidad y autenticidad. Pero luego dile tu verdad más profunda: que lo amas y esperas que se haga realidad. Descubrirás, en tu relación con tu nuevo ser, que la clave para tener una relación íntima con cualquiera es que quizá sientas miedo, pero de todas maneras deseas continuar. Que sentirte vulnerable en la vida de la forma que el amor lo exige es algo que has intentado evitar, pero has aprendido con dolor que eso no funciona. Que no estás seguro exactamente cómo hacer esto o cómo estar con tu nuevo ser, pero ya no deseas seguir sin él. Le ofreces disculpas por las ocasiones en que lo has invitado para pedirle luego que se vaya.

Estás listo para estar en la seguridad estremecedora de aquello que no se siente siempre seguro, porque ahora sabes que la fortaleza que has construido a tu alrededor no te ha protegido del horror ni del dolor. Estás dispuesto a dejar ir la energía densa de la certeza falsa y adoptar al fin la energía llena de luz del vacío. Pues el vacío ya no te atemoriza; ahora comprendes que el vacío está lleno de amor. El vacío es donde te encuentras: el lugar donde te conviertes en uno con quien *realmente* eres. Y éste es tu milagro: no que le digas no a la comida, sino que le digas sí a los deseos de tu corazón. Y cuando le dices sí a los deseos de tu corazón, le dices sí a tu ser posible.

Milagrosamente, no estás atado a nada que haya ocurrido antes de este momento. En este punto, la mente temerosa se tornará cada vez más hostil argumentando: "¡Olvídalo! ¡Llevas demasiado tiempo así! ¡No puedes cambiar ahora!". A lo cual responderás: "Oh sí, sí puedo". Pues en Dios no hay pasado, sino posibilidades infinitas de un futuro milagroso. La única forma en que el pasado puede arrastrarte de regreso es si tú decides traerlo contigo al presente. Para el adicto a la comida, esto requiere de valentía. Requiere que rehúses la falsa evidencia de un espejo mundano. Pero ahora tú estás viendo *a través* del espejo, estás viendo a tu ser real del otro lado del espejo.

El universo se especializa en nuevos comienzos, desde el nacimiento de un bebé hasta la aparición de un nuevo amor. Es característico de la naturaleza comenzar de nuevo, así como es característico de la mente temerosa permanecer estancado en el pasado. Tienes la habilidad de cambiar porque eres hijo de la divinidad. El miedo te obstruye, pero la mano de Dios está disponible para llevarte hacia el amanecer de un nuevo día. No te preocupes por lo que eras antes de este momento, porque nada que haya ocurrido antes de este instante tiene poder sobre la voluntad de Dios. Su voluntad es misericordiosa, sanadora, rectificadora y todopoderosa. No importa lo que diga la mente temerosa; no la escucharás si lo escuchas a Él.

Celebra con emoción la llegada de tu ser que ha nacido de nuevo. Prepárate para él como te prepararías para la llegada de una nueva vida, pues en verdad así es. Cada día, observa algo que sabes que son aspectos del ser que ahora está muriendo —algo que quizá no tiene directamente nada que ver con la comida, pero que involucra llevar una vida con una energía más baja de la que ahora estás eligiendo— y déjalo ir. Quizá te deshagas de cosas acumuladas hace mucho tiempo, o te ocupes de un asunto del que hace tiempo debías haberte ocupado. En realidad, ¿no es de eso de lo que perder peso se trata?

Incluso cuando el cambio *sí* tiene que ver con comida — tal vez deshechas alimentos procesados con químicos, reemplazándolos con frutas y verduras frescas— el punto no es la comida en específico. El punto es que estás dejando ir energía muerta, alimentos sin vida, *todo aquello* sin vida. Estás eligiendo el vigor y la vitalidad de los alimentos integrales y naturales porque estás eligiendo el vigor y la vitalidad de tu nuevo ser. Estás tomando la *decisión* de ser feliz. Perder peso es una consecuencia de elegir llevar una vida más feliz.

Las ideas y las emociones que constituyen tu nuevo ser se están fusionando en tu mente, tu corazón, y finalmente en el funcionamiento de tu cerebro. Así como tu sistema nervioso se forma cuando es un embrión, así un sistema nervioso nuevo y diferente se está formando en tu interior. Tu cuerpo está respondiendo en todo momento a las vibraciones de tu conciencia, y aunque algunas vibraciones viejas todavía pueden estar moviéndose en tu interior, estás dando a luz a un nuevo cuerpo. Las células están en una muerte constante dando paso al nacimiento de células nuevas: estás formando literalmente un nuevo recipiente físico.

Existe otro aspecto milagroso que ocurre cuando dejas ir el pasado: puedes recuperar el amor que hasta ahora te habías negado. Cada vez que consumías algún tipo de comida en calidad o cantidad que no era nutritiva, estabas negándote el cuidado de ti mismo. Pero, según *Un curso de milagros*, el amor que no te das en un momento así, queda guardado en un lugar seguro para ti hasta que estás listo para recibirlo.

Eso significa que todas las horas de alegría que *podías* haber experimentado, las puedes experimentar ahora. No llegarán de la misma forma, pero reflejarán el mismo contenido. ¿Recuerdas esa ocasión en que fuiste a la playa, y allí te sentiste tan avergonzado que te sentaste en un café apartado y les dijiste a tus amigos que no tenías deseos de caminar por la playa? Pues bien, esa hora existe ahora en el espacio cósmico de la posibilidad como un paseo alegre en la playa que no ocurrió, podía haber ocurrido, y ahora *puede* ocurrir.

Lo único que puede detenerte ahora es tu falta de imaginación. ¿Podría el universo realmente ser así de misericordioso? ¿Podría la continuidad del tiempo y el espacio realmente ser así de maleable? ¿Podrías realmente deshacer tu pasado en el futuro?

Indudablemente. A menos que Dios no sea en verdad Dios, lo cual siempre es una posibilidad si deseas pensar así. Tus limitaciones materiales son un reflejo de tus creencias, y si crees que no es posible un milagro, entonces no hay razón para esperar uno.

Esperar un milagro es aún más poderoso si te preparas para él. Tu nuevo ser tiene una serie de características de actitud y una serie de hábitos diferentes a tu ser viejo; debes reconocer cuales son algunas de ellas para que puedas alinearte con mayor facilidad con las energías que representan.

En las páginas de tu diario, escribe algunas de las ideas, emociones y actividades de tu nuevo ser. Escribe "Mi nuevo ser" en la parte de arriba de la página, y luego comienza a escribir una lista. Cada línea comienza con: "Yo...".

Mi nuevo ser

- *Yo... nado desnudo en la laguna de mi vecindario.*

- *Yo... me pongo un traje de baño en la playa y no siento vergüenza.*

- *Yo... paseo por un centro comercial y no me siento infeliz.*

- *Yo... me peso en una báscula y me siento orgulloso de mí.*

- *Yo... me quito la ropa en el consultorio de un médico y no siento vergüenza.*

- *Yo... sé lo que se siente tener hambre antes de comer.*

- *Yo... voy a una fiesta y no me siento como que no pertenezco a ese lugar.*

- *Yo... disfruto estar en el suelo jugando con niños pequeños.*

- *Yo... me siento orgulloso de saber que mi familia está orgullosa de mí.*

- *Yo... soy más sensible de lo que solía ser ante el sufrimiento de los demás.*

- *Yo... veo la comida como un regalo que le agradezco a Dios, del cual nunca abusaría, y me gustaría que todo el mundo tuviera suficiente.*

- *Yo... disfruto de mi cuerpo.*

- *Yo... disfruto de cuidar a mi cuerpo.*

- *Yo... le doy gracias a mi cuerpo y a la alegría que me brinda a mí y a los demás.*

Debajo de cada frase, escribe más detalles respecto a lo que aceptas en tu nueva vida. Haz esto hablando en primera persona, como cuando escribes en tu diario:

Hoy fui a la playa, y me encantó usar mi nueva salida de baño naranja con cuentas doradas al frente. Mientras caminaba sobre la arena, disfruté de sentir el sol en mi piel, la forma en que mi cuerpo estaba sano y tonificado, y lo bien que me sentía tan liviana y libre.

Luego escribe estas palabras, o algo parecido:

Alabado sea el señor; Aleluya; Así sea; Amén; o ¡¡¡Fue absolutamente maravilloso!!!

No olvides colocar tus escritos en el altar una vez que termines.

Ahora estás construyendo nuevos senderos en tu cerebro, preparando un hogar para tu ser que está surgiendo. Pero estos senderos deben desarrollarse según tu propio ritmo y tus propias elecciones. Tu nuevo ser no es la llegada de alguien diferente; es el surgimiento de lo que siempre has sido, pero has mantenido oculto por mucho tiempo. No es que algo estuviera *mal* contigo; es que en el área del peso, algo que está tan bien contigo como con cualquier otro, había sido sepultado por tus necesidades adictivas. Nunca estuviste equivocado; simplemente estabas herido. No es que debas reemplazar un ser defectuoso, sino que debes invocar que entre en operación una vez más tu ser perfecto: quien verdaderamente eres.

La mente temerosa no quiere que creas nada de esto: "Eres *malo* porque tienes este problema de peso. Eres *malo* porque no has sabido lidiar mejor con eso". Pero eres hijo de la divinidad, y la divinidad no es *mala*. Sí claro, te has desviado de tu camino a la perfección, pero tu perfección jamás fue destruida.

Con el fin de manifestar tu percepción externa, debes encontrar de nuevo tu perfección interna. Pero tu camino no tiene que ser igual al de nadie más. Tu esencia no es algo que se te impone desde afuera; es algo que surge orgánicamente de tu interior. Das a luz a tu ser real ofreciéndote algo que quizá jamás has tenido: el permiso de simplemente *ser*.

Por cualquiera que sea la razón, y de cualquier manera, tu ser real ha estado agazapado durante años en una esquina de tu armario psíquico. Tu ser real no se ha manifestado en el mundo como demasiado grande; se ha manifestado como demasiado *pequeño*. Aunque has intentado alimentarlo con desesperación, no es la comida —sino más bien tu permiso, tu aprobación y tu aprecio—lo que hace que tenga la frente en alto lleno de orgullo. Cuando lo alimentas a nivel emocional, él te alimenta físicamente. Pues al darle a luz te conviertes en él. Y el impostor se desvanece.

No es de extrañar que tu apetito no haya sido perfecto: no hay un lugar donde tu ser tenga el espacio psíquico para siquiera existir. Ahora que comprendes esto, puedes permitirle que surja. Puedes dejar de censurarlo. Puedes dejar de ocultarlo. Puedes dejar de abortar emocionalmente tu propio parto y descubrirás que tu ser real, una vez que le permites resplandecer, sabe con exactitud qué hacer, en todas las áreas de tu vida, para emitir una luz brillante y radiante.

No tienes que decirle qué hacer ni cómo ser; solamente debes *permitirle* hacer y ser lo que ya está programado por Dios para ser y hacer. Una cosa es segura: como todos los hijos de Dios, tu ser real es perfecto y único. Lo último que tienes que hacer es decirle cómo comer: tu milagro yace en permitirle a él que *te* diga cómo comer.

En un mundo en que todo pertenece al montón, tu ser real es todo menos uno más del montón. Vas a perder peso, pero vas hacerlo a *tu* manera. Tu ser real posee una sabiduría natural sobre cómo comer de la mejor forma, y una sabiduría natural sobre cómo perder mejor peso. Solo debes saber que tu patrón puede no lucir igual al de los demás. Algunos de nosotros nos movemos en círculos y otros en forma lineal.

Hace mucho tiempo me di cuenta que si voy a mi habitación y me digo: "Está bien. Ahora, tiende tu cama. Ordena tu habitación. Organiza todo", estoy más propensa a sentirme completamente agobiada por estas tareas. Pero si me digo que cada vez que vaya a mi habitación puedo hacer *algo* bien —comenzar a tender parte de mi cama, recoger mis zapatos y ordenar los libros de un montón en particular, seguir tendiendo mi cama la siguiente vez que voy a mi habitación, y así por el estilo— terminaré de ordenar mi habitación en la misma cantidad de tiempo que le hubiera tomado a otros hacerlo. Lo habré hecho en una especie de movimiento circular, en vez de recto. Los círculos no son peores que las líneas rectas; simplemente son un patrón diferente.

He descubierto lo mismo con el ejercicio físico. Si me digo que debo hacer ejercicio durante una hora, es a veces difícil para mí; es algo que es probable que no haga de forma tan frecuente como debo. Pero he descubierto que si tengo un tapete de yoga y un par de pesas en mi oficina, y otras en mi habitación, una pelota para hacer ejercicios en el pasillo y una máquina de abdominales detrás de mi escritorio, entonces no me cuesta ningún trabajo —de hecho, lo disfruto— dejar de hacer lo que estoy haciendo durante un par de horas y hacer ejercicio por unos diez minutos, ¡porque se siente bien! Al final del día, he hecho todo el ejercicio que debo hacer.

Comprendo que hay expertos en ejercicios que argumentarían que el movimiento continuo de ejercitarse durante una hora es mejor, pero lo único que sé es que ya se trate de comida, ejercicio, o casi cualquier cosa, he descubierto que debo encontrar mi propio ritmo y honrarlo. Me digo a diario que incluso está bien que dé una caminata o corra por un corto tiempo. Cuando voy al gimnasio, no tengo que pasar allí una hora para sentir que he dispuesto bien de mi tiempo.

Mi relación con la comida es similar. No soy adicta a la comida, por lo que no hay una comida en particular de la cual deba abstenerme. No obstante, siendo comedora compulsiva, dentro de mí sigue el impulso a actuar de esa manera. Si hay un delicioso pastel en mi casa durante un tiempo, es muy probable que me lo coma. He aprendido que es mejor no tener galletas en mi despensa. Pero no me privo tampoco de ninguna de las dos cosas.

Lo esencial para mí es permitirme lo que deseo, porque al hacerlo, me doy permiso de ser quien soy realmente: y quien soy realmente no *desea* comer en exceso. Siempre y cuando me permita en un restaurante pedir el pastel de frutas, es muy probable que solo coma una pequeña porción. Puede ser que lo único que quiera es una cucharada o dos. Pero, ¿qué ocurre si no lo pido? Es muy probable que después consuma muchas más calorías ese mismo día, como una reacción a haberme privado de algo que deseaba.

Tu ser real, como mi ser real, sabe qué hacer y cómo hacerlo. Pero debes permitirte comprobarlo. Los límites son buenos, pero no pueden ser impuestos con arbitrariedad; deben surgir de tu propia sabiduría interna. Nadie me dijo: "Bajo ninguna circunstancia debes permitir que haya pastel en tu cocina". No, yo misma lo descubrí. Yo *decidí* no permitir que hubiera pastel en mi cocina, por amor a mí misma y en reconocimiento de mis propias limitaciones. Si eres adicto y *debes* imponerte ciertos límites, debes saber que esos límites son un regalo para ti y recíbelos como tal.

A fin de cuentas, tu milagro más grande es éste: llegarás a comprender que estás bien *exactamente como estás*. Tu ser real *desea* comida sana, ejercicio estimulante y un estilo de vida activo. Tu ser real no *desea* los efectos perjudiciales de la comida malsana, y procesada por químicos, ni una existencia sedentaria. Tu ser real sabe qué son esas cosas: una tumba para la persona que solías ser. Ahora has cambiado y esos días se terminaron. Son cosa del pasado.

Vislumbraste el espejo espiritual y viste la persona que se supone que seas, el ser que anhelas ser y ahora has elegido ser. Estás listo para hacer algo más que perder peso. Estás listo para superarte, comenzar de nuevo y ser libre.

Reflexión y oración

Respira profundo y cierra tus ojos.

Visualiza con tu ojo interior una gran fuente de luz surgiendo de tu frente. El agua de la fuente está compuesta por una luz líquida y resplandeciente. Es una fuente de conciencia pura que emana amor, luz y alegría en el aire a tu alrededor.

Ahora observa la trayectoria de luz que comienza a tomar forma, y observa que la forma que toma es el cuerpo físico de tu ser inspirado por la divinidad. Sencillamente, *disfruta* de esta visión agradable y encantadora. No la juzgues. Solo obsérvala. Estás viendo a quien realmente eres.

Observa esta visión crecer en detalle y solidez, y observa cómo comienza a mirarte. ¿Te dice algo? Recibe el amor y la gratitud que tu ser potencial te envía. Estás celebrando su nacimiento en el mundo; estás renaciendo como uno. Tu ser real ha estado oculto por demasiado tiempo, y ahora está regocijado al emerger.

Observa lo que hace y cómo se mueve. Observa cómo se expresa a sí mismo. Advierte cómo come. Pasa tiempo con él. Acéptalo. *Disfrútalo.* Y sé consciente de que tú eres él.

Querido Dios:
En este día,
celebro mi renacimiento.
Lo alabo, lo aprecio,
y lo acepto ahora.
Ayúdame a dejar ir
el ser que era antes,
y a comenzar de nuevo como un ser mejor...
un ser más elevado
un ser sin compulsiones
un ser más alegre

un ser más servicial
un ser más pacífico
un ser más amoroso
un ser más hermoso
el ser que verdaderamente soy.
Querido Dios,
me entrego ahora,
y te doy las gracias
por lo que será.
Amén

CIRUGÍA DEL ALMA

Imagínate una vez más recostado sobre una losa de mármol blanco. La losa puede parecer incómoda, pero no lo es. Donde podrías esperar que se sintiera dura y fría, se siente más bien como que estás sumergiéndote en un espacio celestial de amor infinito. Es un colchón suave en el cual ahora puedes relajarte de formas que jamás lo habías hecho, en una paz que jamás habías experimentado. No estás solo, sino más bien rodeado de fuerzas invisibles. Por doquier, hay ángeles y personas que te aman.

Esta imagen es tan real como la silla donde estás sentado. No solamente está describiendo un lugar o una experiencia particular, está describiendo la realidad espiritual de tu vida. La mente temerosa proclama con audacia que *tiene* la realidad de su lado: la realidad del tamaño de tu cuerpo, la realidad de tu obsesión, la realidad de tus fracasos pasados. Pero ahí es donde se equivoca la mente temerosa, pues el mundo que te revela es una pura ilusión. Ahora te estás despertando de tus ilusiones, y el plano material tal como lo experimentas está comenzando a transformarse.

Cada vez que veas a alguien, cada vez que vayas a algún lugar y experimentes algo, estás siendo invitado por el universo a tomar una decisión en beneficio de tu ser real. Ahora experimenta todo bajo la luz del amor, y mientras lo haces, tu luz interior resplandecerá. Te recordará tu conocimiento esencial, activará tus poderes espirituales y le traerá paz a tu reino interior.

En presencia de tu verdadero ser, cualquier palabra, cualquier elección, cualquier apetito, cualquier energía, toda manifestación que no refleje su belleza..., simplemente caerá por un costado. No dirás "no" a las decisiones erróneas respecto a la comida; sencillamente, ni siquiera las considerarás. Ya no te sentirás atraído por ellas.

Una vez que te alineas con la ligereza de tu ser verdadero, las energías pesadas y densas de la adicción y la compulsión caerán por su propio peso muerto. Ya no estarán respaldadas por la fuerza emocional de tus asuntos sin procesar, ya no tendrán ninguna fuerza vital. Habrán sido extraídos de ti, sus tentáculos ya no serán capaces de aferrarse a un sistema que no tiene nada a qué aferrarse. Has tomado tu decisión, y como cualquier otra decisión tomada bajo la fuerza del verdadero amor, todas las energías contrarias se anulan y se cancelan.

Has comenzado el proceso de introspección que yace en el corazón de la verdadera sanación: has adoptado el proceso; lo has resistido, te has alejado de él; y aún así, por momentos, te has abierto con humildad a la posibilidad del milagro. Como cualquier adicto, has implorado la sanación y luego le has cerrado la puerta, algunas veces al mismo tiempo. Pero has hecho el esfuerzo.

Has seguido este curso con amor en tu corazón, y el amor que has implorado viene en camino. Has pedido ser liberado. Has invocado una sanación espiritual y has abierto tu corazón para recibirla. Prepárate ahora para la cirugía espiritual, la alquimia de la Mente Divina, una vez que le has brindado el acceso a tu ser total.

El Médico Divino te quitará todo aquello que no deseas. Retirará el peso de tu corazón y conocerás la ligereza que tanto has deseado. Limpiarás tu corazón con este fin, igual que limpiarías tu cuerpo antes de unas cirugía física. Respira profundo varias veces, inhalando perdón y amor, y exhalando resentimiento y miedo de la mejor forma que puedas. Debes estar dispuesto a abrirte a ti mismo para una operación milagrosa.

Lee la siguiente visualización, y luego cierra tus ojos para verla. Pide la presencia de Dios, e imagina que el Médico Divino viene hacia ti. Mientras yaces sobre la losa de mármol recibe su amor, y con tu ojo interior observa lo que ocurre mientras Él coloca Sus manos sobre ti.

Siente el láser espiritual de Su amor mientras penetra en ti. Permítete sentir el asunto emocional que está almacenado en cada parte de tu cuerpo y experimenta Su sanación.

Pueden aparecer personas en tu mente para pedirte perdón o para recibir tu disculpa; puedes recibir una visión a la que antes no habías tenido acceso; pueden entrar en tu mente dirección y guía para tu vida. Mientras esto ocurre, el exceso de carne comienza a desaparecer. En la carne están impresas palabras y asuntos, esperanzas y miedos, recuerdos y traumas, nombres y situaciones...: palabras que solo tú y Él conocen.

Aflicciones que todavía guardas..., debilidades que deseas eliminar..., problemas que has tratado de resolver sin la ayuda divina..., situaciones que has tratado de manejar sin la guía divina..., metas que has tratado de lograr sin la bendición divina..., preguntas que has tratado de responder sin rezar pidiendo por sabiduría..., relaciones que no están funcionando..., relaciones por las cuales no has sentido suficiente gratitud..., situaciones que sabes que podrían estar mejor..., áreas de tu vida donde solamente estabas pensando en ti mismo..., el nombre de una persona que todavía no has perdonado..., un evento que no puedes sacar de tu mente..., una relación con la cual no puedes dejar de sentirte obsesionado... Los lugares en tu mente que han estado cerrados por el dolor, ahora descansarán bajo las manos del Médico Divino.

Todo aquello que te causa ansiedad comienza ahora a disolverse. Conforme el peso es eliminado de tu psiquis, a la vez es eliminado invisiblemente de tu cuerpo. Por un milagro, su energía se convierte en sabiduría y la sabiduría se convierte en luz.

Él ha escuchado todos tus ruegos en las profundidades de tu dolor y desespero. Él ha escuchado todas tus oraciones y ha observado todos los esfuerzos que has hecho para liberarte. Ahora, con esta cirugía en tu alma, Él reprograma tu mente y extirpa desde la raíz tu oscuridad. Vergüenza... extirpada. Juicio y reproche... extirpados. Duelo... extirpado. Miedos y cargas... extirpados. Auto juicio... extirpado. Aislamiento... extirpado. Obsesión... extirpada. Ira... extirpada. Antojos... extirpados.

Lo que queda es tu ser esencial. Cuando al fin regresas a tu realidad divina —al amor inmaculado e incuestionable en tu interior— se sanan todos los pensamientos, emociones y apetitos. Aquello que no existe para el amor, ya no existe en ti.

En el espacio de este proceso milagroso, en el silencio de esta operación sagrada, permítete experimentar verdaderamente el movimiento de la mano del Médico Divino. Él elimina la carne de tu cuerpo eliminando el dolor de tu corazón. Esta operación es tan real como tú elijas que sea. Tu cuerpo ha sido sanado y tu mente ha sido restaurada. Tu milagro ha ocurrido.

Reflexión y oración

Toda esta lección es una reflexión sobre la realidad espiritual. Pasa tanto tiempo como te sea posible con ella, y luego recita esta oración.

Querido Dios:
Estoy listo para sanarme.
Estoy listo para dejar ir.
Por favor toma mi voluntad,
débil o fuerte,
y úsala para transformar mi vida.
Entra en mí, en cada célula de mi ser.
Extirpa todas mis disfunciones y enfermedades.
Elimina toda compulsión
e ilumina mi corazón.
Te entrego mi oscuridad,
por favor lléname con tu luz.
Retira de mí lo que está mal
y déjame solo lo que está bien.
Que pueda finalmente conocer
quién soy en verdad.
Amén

EL CUERPO RADIANTE

Estás ahora en una jornada que una vez que comienza jamás terminará.

Cada vez que piensas en el nombre de Dios, tus células entrarán de una manera más profunda a la alineación divina. Entrega tu cuerpo al amor, viendo que tu única función en esta tierra es un ser cuyas manos, pies, palabras y acciones están al servicio del amor. Haz de esto un juego que practicas imaginando que vives en un mundo sagrado. Pues de hecho, así lo es. Con cada respiración, siente la emoción de inhalar el espíritu de Dios. Todo tu cuerpo se despertará a una nueva y sorprendente vitalidad. Vives en Él y Él vive en ti.

Cuando observas tu mano, ves Su mano. Cuando ves a través de tus ojos, imagina que ves a través de los Suyos. Varias veces durante el día, detente e imagina que tu cuerpo está hecho de luz. Y serás luz.

Sí, perderás tu sobrepeso. Además de este curso, sigue cualquier régimen que te funcione respecto a la comida y el ejercicio físico, y al fin obtendrás la combinación ganadora. Pero recuerda: una vez que has perdido el peso, si vuelves a las formas de pensamientos que estaban almacenados inadecuadamente en tu carne desde un principio, es razonable asumir que el proceso de almacenamiento comenzará de nuevo. Has aprendido algo sobre ti de todo esto: no funcionas bien fuera del círculo del amor de Dios.

Todos los caminos, ya estén llenos de oscuridad o de luz, con el tiempo, regresan hasta llegar a los brazos de la divinidad. Ya sea a través de la luz al final del túnel o la luz que ves en el momento de la muerte, el amor siempre tendrá la última palabra. No debes esperar ni el túnel ni la muerte; puedes escucharlo ahora. En primer lugar, el sufrimiento que has experimentado no fue amor, y ya has sufrido bastante. Ya sabes qué hacer para detenerte.

¿Podrás comer esto o aquello cada vez que quiera? No me corresponde contestar; aquellos con un mejor entendimiento que yo de tus circunstancias físicas, te aconsejarán al respecto. ¿Podrás sencillamente, olvidarte de servir los dictados del amor en todo lo que haces? A eso sí puedo responderte con bastante confianza: *No*. Por lo menos no sin riesgos. Has entrado en una comprensión profunda de donde tu alma anhela más estar: abrazada con fuerza en los brazos de Dios, sin el más mínimo interés de ir a ningún otro lugar. Fuera del calor acogedor de ese amor, no estás en casa, te sientes agitado al nivel del alma, y es muy probable que hagas algo para manifestar tu agitación. Por cierto, esto no es una mala noticia. Significa que eres un místico de corazón.

Jamás olvidarás lo que este asunto te ha hecho pasar en tu vida; y, en el nivel más profundo, en realidad no lo deseas. Porque cuando te miras en el espejo y solamente ves a la persona feliz, cuyo peso se ha convertido en una fuente de placer y no de dolor, sabrás que has visto un milagro. Sabrás que has aprendido un secreto espiritual que solamente podías encontrar en las profundidades de tu oscuridad y en la cima de tu desesperación.

A pesar de que las lágrimas que has derramado esperando tu milagro fueron lágrimas de alguien que en algún momento se preguntó si en la vida valía la pena el dolor, sabrás en tu corazón que así fue. Pues finalmente te mostró algo sobre Dios y sobre ti. La persona que serás al otro lado de este problema, mientras continúas tu jornada mucho más allá de la estación llamada "pérdida de peso", tendrá una sonrisa secreta que solo algo mucho más poderoso que la misma pérdida de peso te hubiera podido brindar. No será solo tu cuerpo el que estará renovado, sino también tu corazón y tu alma.

Además, donde irás desde ahora será un futuro diferente del que conocías, mientras todavía estabas atrapado y perdido en el infierno de la comida. Al haber salido de ese lugar horrible, advertirás a aquellos que buscan lo mismo. Y con frecuencia, no más con una sonrisa amable, sino a veces por medio de una acción más notable, estarás disponible para los demás, pues tú has sentido en tu vida el alcance del espíritu invisible del amor.

Serás alguien que, habiendo recibido una sanación milagrosa, puede obrar milagros en las vidas de los demás. Habrá una profundidad en tus palabras que reflejará la profundidad de tu sabiduría bien merecida; una gentileza en tu espíritu que reflejará el toque celestial que te acogió en las profundidades de tu miseria; y un poder en tu personalidad que uno solo encuentra en alguien que ha mirado cara a cara al diablo en su propia alma. Felicitaciones. Este no es el final, es tu nuevo comienzo.

No eres quien eras ayer, no eres quien te habían enseñado a pensar que eras, y no eres tu cuerpo. Eres un espíritu que vive eternamente en el dominio más allá del mundo material, usando un cuerpo físico como un hermoso traje. Y ahora no solo lo sabes. Lo sabes *en verdad*. No solo es una metáfora, es la verdad.

Tu ser espiritual no es consecuencia de tu ser material. Estaba ahí antes de que naciera tu cuerpo, y vivirá mucho más allá de tu muerte. No es un símbolo; es quien realmente eres. Más allá de tu cuerpo, hay un cuerpo radiante. Y todo lo que has sufrido, incluyendo los horribles caminos que has recorrido a través del infierno de tu forma de comer disfuncional, a fin de cuentas te han servido solo para un propósito: para llevarte donde estás, a este punto, a esta sabiduría y a esta paz.

Siente, no sólo el cuerpo físico, también el cuerpo radiante. Cuando te sientes, percibe tu cuerpo..., luego percibe el cuerpo espiritual que se sienta en tu interior. Simplemente, percibe su presencia: es todo lo que tienes que hacer.

Siente, no sólo el cuerpo físico, también el cuerpo radiante. Cuando te pongas de pie, percibe tu cuerpo..., luego percibe el cuerpo espiritual que se pone de pie en tu interior. Simplemente, percibe su presencia: es todo lo que tienes que hacer.

Siente, no sólo el cuerpo físico, también el cuerpo radiante. Cuando camines, percibe tu cuerpo..., luego percibe el cuerpo espiritual que camina en tu interior. Simplemente, percibe su presencia: es todo lo que tienes que hacer.

Estas son acciones sutiles, no obstante cambiarán tu vida. Pues lo que sientes es lo que alimentas. El hecho de que esto reduzca tu peso es casi fortuito. Has dado a luz a un nuevo sentido del ser. Estás dejando atrás un sentido apenas material de quien eres, y te estás identificando a cambio con el espíritu en tu interior. En el dominio del espíritu, no cargas sustancias excesivas, pues eres amor y solo amor.

Esta jornada acaba con una pesadilla personal e inicia una forma más iluminada de deambular por la vida. Le has pedido ayuda a Dios con tu peso, y has sentido su respuesta; asegúrate ahora de no abandonar esta relación. El peso ha sido una herida en tu espíritu, pero que te ha hecho postrarte de rodillas; y de esa forma, se ha convertido en una bendición. Te ha enseñado humildad, te ha llevado a comprender con más profundidad la maravilla de la misericordia del universo, y te ha llevado a casa a tu verdadero ser. Ahora que has encontrado dichos misterios, no te permitas olvidar lo que te han enseñado.

Ahora sabes que los milagros ocurren naturalmente ante la presencia del amor, y que tu compulsión surge ante la presencia del miedo. Sabes que en cualquier momento en que bloqueas el amor es una invitación a que entre el miedo. Sabes que el miedo alimenta el ego, activa la adicción y hace inevitable tu regreso al dolor. Sabes que cada vez que eliges el amor, aunque la resistencia sea grande, siempre estará ahí para salvarte de ti mismo. Recuerda estas cosas y estarás bien.

Aquello que considerabas tu carga más grande, de hecho se ha convertido en el mayor de tus milagros. Cualquier remordimiento que puedas sentir, cualquier lamento sobre un dolor que ya hayas padecido, se transformará mágicamente en alegría. Toda la felicidad, que te habías negado cuando estabas en medio de tu infierno con la comida, está esperándote ahora, ya que fue colocada en un archivo llamado: "Enviar luego", mientras comías en exceso. Ahora serás capaz de descargar todas las energías maravillosas, libres y abundantes, que habían sido pospuestas por tu convulsión. Desde el placer de usar unos fabulosos jeans hasta descubrir el valor de la comida fresca y orgánica; desde divertirte bailando hasta la satisfacción de un estilo de vida más sano, *disfrutarás* de ti mismo de una forma que hace mucho tiempo no te habías permitido, si es que alguna vez lo habías hecho.

Este es un camino que seguirás por el resto de tu vida, no solo para lidiar con los asuntos de comida, sino para encontrar y vivir la versión más verdadera de ti mismo. Trabajarás todos los días para supervisar con atención tus pensamientos;

y así no *tendrás* que supervisar tan atentamente tu forma de comer. Cuanto más livianos tus pensamientos, más livianos serán tus apetitos. Conforme la obesidad mental y emocional desparece, igual ocurrirá con su correspondiente físico. Te convertirás, a través de todas las dimensiones de tu ser, en un ser "lleno de luz y liviandad".

Abre una vez más tu diario y reflexiona sobre lo que este curso ha significado para ti...: lo que ha sido más difícil, lo que ha sido más fácil, lo que sientes que has logrado, y lo que sientes que continuarás trabajando de ahora en adelante mientras progresas. Describe las cosas que has aprendido sobre ti mientras has seguido este curso, y los cambios que has realizado como resultado de lo que has aprendido. Advierte cómo ha cambiado tu percepción personal al comprender que eres mucho más que el cuerpo de carne que tus ojos físicos perciben.

Echa un vistazo a tu altar y piensa quien eras cuando comenzaste a construirlo, que sabías mucho menos sobre ti, y la gran vulnerabilidad que sentías ante los demonios adictivos que tanto habían aterrorizado tu vida. Independiente de si sientes que todos los demonios ya se han retirado por completo hacia su guarida en los dominios de la nada, advierte lo seguro que te sientes, de que, en algún lugar de tu mente, no estás combatiéndolos solo, y de que la batalla, de hecho, ya ha sido ganada. Ya lo sabes, no lo olvides: hay ángeles a tu izquierda y ángeles a tu derecha; hay ángeles en tu cocina y ángeles siempre contigo. Has pedido ayuda, y has sentido su llegada.

No importa dónde te encuentras en tu jornada hacia la luz, hay algo que has comprendido y debes mantener siempre en mente: la oscuridad quedó atrás. De hecho, la oscuridad se ha ido.

Reflexión y oración

Cierra tus ojos y relájate en un lugar de paz.

Ahora visualiza con el ojo de tu mente la casa en donde vives. Observa cómo viene a visitarte un grupo de ángeles. Tan pronto llegan, empiezan a ocuparse. Primero modifican tu cocina. Luego van al lavaplatos, abren el refrigerador, revisan la despensa. No puedes ver exactamente lo que están haciendo, pero sabes que es bueno. Encuentran ese escondite secreto que tienes y se ríen mientras desaparece en sus manos. Están transformando tu ambiente, convirtiendo todo en luz. Van a tu habitación y abren y organizan tu armario. Limpian los cajones. Están cambiando todo en algo maravilloso.

Luego adviertes que van a todos los lugares de tu vida, desde tu casa hasta tu automóvil, desde tu oficina hasta todos los demás lugares. Adviertes que están llenando el mundo. Cuando miran algo, se convierte en más hermoso; cuando tocan un objeto, se convierte en luz resplandeciente. Y finalmente, se dan la vuelta y te miran. Cuando comienzan a verter luz sobre ti, te ven en la luz que ya está ahí. Su luz resplandece con mayor intensidad cuanto te miran. Ven tu espíritu, vestido con los más hermosos ropajes: el cuerpo radiante, el cuerpo hermoso, el cuerpo bueno.

Se inclinan en honor a tu luz. Y hay gozo.

Querido Dios:
Hoy camino en gratitud
por los milagros que has obrado en mí,
por la liviandad de mi ser
y los cambios que siento.
Que el caos de mi antiguo ser
sea solo un recuerdo ahora, querido Dios.
Gracias, gracias, gracias.
Amén.

UN
CURSO
PARA
PERDER
PESO

❦ AGRADECIMIENTOS ❦

Además de la contribución inestimable de Oprah Winfrey, que mencioné previamente, muchas otras personas me ayudaron a darle vida a este libro.

Grace Gedeon, amiga y colega compasiva y brillante, me abrió su corazón y me ofreció su tiempo, ayudándome a comprender cosas que sin su ayuda no hubiera comprendido respecto al infierno secreto de la adicción a la comida. Ella viajó por medio mundo para compartir su visión, y cualquier ayuda que este curso pueda brindar a los demás, no hubiera ocurrido sin la ayuda que ella me brindó. Espero haber escrito un libro digno de su enorme contribución.

Mi amiga y partera literaria, Andrea Cagan, con su inimitable forma de hablarle a mi fortaleza y a mi debilidad, me ayudó enormemente cuando tuve dificultades tratando de poner en papel mis ideas. Como siempre lo ha sido antes, fue un gran regalo para mí.

Le agradezco a Katherine Woodward Thomas por su visión y claridad respecto a su propia experiencia, profundizando aún más mi conocimiento sobre la vida secreta del comedor compulsivo.

Gracias a Kathy Freston, mi "inspiradora", a quien me referí en la Lección 11. Su libro *Quantum Wellness* me ha ayudado, así como a innumerables personas, a comprender los principios espirituales que implican comer de forma sana.

Le agradezco a Reid Tracy por publicar este libro y permitirme el tiempo y el espacio para escribirlo de la mejor forma posible.

Le agradezco profundamente a Louise Hay y a Jill Kramer por hacer su trabajo de forma tan maravillosa, permitiéndome hacer el mío con mayor efectividad.

Muchas gracias a Christy Salinas, Amy Gingery, Jacqui Clark, Jeannie Liberati y Margarete Nielsen, por su enfoque excelente y refinado en el proceso de publicación.

A Shannon Littrell, mi profunda gratitud por el apoyo inspirador y siempre estimulante. Algunas personas son ángeles literarios, y tú eres uno.

Este libro ha sido una obra de amor, creado y asistido por muchas manos amorosas. Estoy profundamente agradecida con todas las personas que he mencionado anteriormente.

❀ ACERCA ❀
DE LA AUTORA

Marianne Williamson es oradora aclamada internacionalmente y autora de libros de mayor venta tales como: *Volver al amor, Healing the Soul of America, A Woman's Worth, Illuminata, Everyday Grace, The Gift of Change* y *La edad de los milagros,* entre otros. Marianne Williamson ha contribuido enormemente con organizaciones caritativas a lo largo del país, prestando servicio a personas con enfermedades terminales (es fundadora del Proyecto Angel Food en Los Ángeles). También fundó la campaña popular para establecer un Departamento de Paz en los Estados Unidos.

Para conocer mejor su obra, y subscribirse a su lista de mensajes electrónicos para asistir a sus conferencias y eventos, visite su página Internet: **www.marianne.com**.

Esperamos que haya disfrutado este libro de Hay House.
Si desea recibir nuestro catálogo en línea donde ofrecemos
información adicional sobre los libros y productos de
Hay House, o si desea obtener mayor información sobre
Hay Foundation, por favor, contacte:

Hay House, Inc.
P.O. Box 5100
Carlsbad, CA 92018-5100

(760) 431-7695 ó (800) 654-5126
(760) 431-6948 (fax) ó (800) 650-5115 (fax)
www.hayhouse.com®

Dele unas vacaciones a su alma

Visite **www.HealYourLife.com®** para centrarse, recargarse y
reconectarse con su propia magnificencia.

En esta página se destacan boletines electrónicos, noticias
sobre la conexión entre la mente, el cuerpo y el espíritu y la
sabiduría transformadora de Louise Hay y sus amigos.

¡Visite **www.HealYourLife.com** hoy mismo!

Cuide su cuerpo, sane su espíritu

Hay House es la máxima fuente de inspiración y cuidado de la salud en cuanto a libros, programas de audio, películas, eventos, revistas electrónicas, comunidades de miembros y mucho más.

Visite **www.hayhouse.com**® hoy y nutra su alma.

EVENTOS EDIFICANTES

Asista a presentaciones en vivo de sus autores favoritos en una ciudad cerca de su domicilio o inicie sesión en **www.hayhouse.com** para comunicarse con los autores de Hay House durante los eventos interactivos en vivo del Internet.

PROGRAMAS DE RADIO MOTIVACIONALES

Inspiración diaria en su lugar de trabajo o en el hogar. Disfrute de las presentaciones radiales de sus autores favoritos, en las transmisiones continuas del Internet, 24 horas al día, siete días a la semana en **HayHouseRadio.com**®. ¡Sintonícenos y afine su espíritu!

CATEGORÍA VIP

Subscríbase hoy al programa de membresía Hay House VIP y disfrute de descuentos exclusivos en libros, discos compactos, calendarios, juegos de cartas, y más. También recibirá un 10% de descuento en todas las reservaciones de eventos (excluyendo los cruceros). Visite **www.hayhouse.com/wisdom** para formar parte de la Hay House Wisdom Community™.

Visite **www.hayhouse.com** y entre el código prioritario 2723 al finalizar su compra ¡y así obtener descuentos especiales!
(Un cupón por cliente)